与领导沟通的60堂必修课

龙凹/编著

中国纺织出版社

内 容 提 要

与领导相处是每个职场人士都应精通的一门高深的学问。本书用通俗的语言,配以鲜明的案例,为读者呈现出一个个画面感十足的职场场景。让你清楚地看到在哪种场合、哪种情况下用什么样的说话技巧和领导沟通,才能更快地达到目的。沟通是职场交往的基础,本书教你如何通过三言两语给领导留下深刻的印象,如何开口领导才愿意继续听你往下说,如何表达你的意见领导更容易接纳,如何让领导跟你说出他的心声和真实意图等。掌握本书中的说话技巧,能让你顺利地和领导沟通各种问题,用一张嘴征服领导的心。更能获得领导的信任和支持。

图书在版编目(CIP)数据

与领导沟通的10堂必修课/龙凹编著. —北京:中国纺织出版社,2016.7(2024.1重印)

ISBN 978-7-5180-2578-7

Ⅰ.①与… Ⅱ.①龙… Ⅲ.①语言艺术—通俗读物 Ⅳ.①H019-49

中国版本图书馆CIP数据核字(2016)第087344号

责任编辑:闫 星　　责任印制:储志伟

中国纺织出版社出版发行

地址:北京市朝阳区百子湾东里A407号楼　邮政编码:100124

销售电话:010—67004422　传真:010—87155801

http://www.c-textilep.com

E-mail:faxing@c-textilep.com

中国纺织出版社天猫旗舰店

官方微博 http://weibo.com/2119887771

永清县晔盛亚胶印有限公司印刷　各地新华书店经销

2016年7月第1版　2024年1月第4次印刷

开本:710×1000　1/16　印张:15.75

字数:154千字　定价:48.00元

preface 序言

有人说，当今职场犹如一场没有硝烟的战场，确实，晋升、加薪都需要竞争，而我们都知道，从某种角度说，掌握职场生杀大权的就是我们的领导。因此，在工作中，只有与领导进行有效的沟通，才能有利于我们工作的开展。很明显，掌握与领导说话的技巧，是我们必须要掌握的技巧。

正如有句话所说："语言表达能力不好，升迁机会就少。欲谋好前程，先练好口才。"为什么有些下属工作努力却得不到重用？为什么有些下属能出色地完成任务，却与评优、加薪、升职无缘？为什么有些下属对领导尽心尽力，却总是得不到领导的一句赞赏？细想一下，是不是与领导的沟通上出了问题？

那么，作为下属，如何把自己的工作成绩向上司汇报？如何告诉领导你不想加班？如何应对领导的批评？如何表达自己对领导的尊重？如何为自己创造和领导说话的机会？给领导留面子有什么技巧？怎么说话，才能让上司感觉到你的忠诚？怎么引导上司对你说出真实的想法？怎么指出上司的缺点？怎么向领导提建议？怎么拒绝领导对你的无理要求？遇到不同性格类型的领导，我们该怎么应对？和领导产生矛盾，我们该怎么解决？

学会和领导说话，是职场人士工作中的第一门必修课。掌握一套有效与领导沟通的本领，能使你更容易理解领导的意图，更好地执行领导下达的任务，更容易赢得领导的信任，在职场路上走得更加顺利！

翻看本书，提升与领导沟通的技巧，让自己的职业生涯变得更加光明！

编著者

2015 年 8 月

contents 目录

第1章

要会说，在领导面前巧妙表达自己的意图

在职场中，我们发现，有些人总是能工作顺利，事事顺心，有问题领导能帮忙解决，提出的建议也总能被领导接受，因此也备受领导重视，自然，评优、加薪、升职等都会频繁降临；而同样一个与之做事能力差不多的人，如果其语言表达能力不好，升迁机会往往要比那个既会办事又会说话的人少得多。如果你是后者，就该思考一下，是不是自己与领导的沟通方式出了问题？为什么领导不愿意听取你的建议？为什么你的要求会被领导拒绝？如何说，领导才更愿意听？要知道，与领导沟通是一门学问，只有巧妙表达，领导才会更容易接受。

让领导感受到你说话态度诚恳

很多人，尤其是初入职场的年轻人，都很害怕领导，平时工作中都尽量绕道避开领导，见到领导更是战战兢兢，话也说不好。一旦自己在工作中出现差错，他们更害怕与领导交流，把事情憋在心里，不主动向领导坦白，自己压力大不说，还给领导留下了不好的印象。其实，我们作为下属，只有赢得领导的好感，与领导处理好关系，在工作中才会如鱼得水。如工作中遇到问题，应及时与领导沟通，诚恳表达自己的想法，他自然会认为你是一个工作认真负责、值得信任的人。

职场范例：

少云是一家大型食品开发集团的业务经理，为人老实本分，他带领的销售团队也成绩平平。于是，主管领导希望他可以做出新的销售方案，苦思冥想后的他终于做出了一套新方案。在他向主管领导汇报工作方案并征求其意见时，主管领导总是闭口不谈。少云的方案常常不能令主管领导满意。更让少云气恼的是，主管领导最近好像跟自己有仇似的，即使是别的部门出现了一些问题，开例会的时候，领导也总是拿他出气，这些事传到下属耳朵里，让他很没面子。少云思前想后，自己并未得罪过领导啊，那他为什么总不满意自己的销售方案，也并不给一点意见呢？他到底想怎样？少云觉得自己肯定是要被炒鱿鱼了，想到这些，他就烦躁不安。于是，他决定豁出去，跟领导正式摊牌。

这天，他远远看去，领导心情不错。他壮着胆子敲开了领导办公室的门，并表明自己有一些不解的问题要请教。领导请他坐下后，他告诉领导，他很喜欢这个工作，也很热爱自己的团队和公司，更希望在领导的带领下能好好发展和提高自己，并使公司的销售业绩上升一个新的台阶，同时也希望自己可以帮助领导一起将公司发展壮大。领导一听少云有这样的想法，高兴得直点头。少云一看领导已经在心理上接受了自己，就开始慢慢诚恳地陈述自己最近心头的一些疑惑，希望领导能真心地帮助自己，并给自己今后的工作方案等以更为明确的指示和指导。听到这儿，领导明白了少云的真正来意，哈哈大笑，然后就说："你每次让我给你提建议时总是笼统地问这个计划行不行，那个问题怎么解决，由于我不在第一线，所以没办法给你具体的指导，只好叫你自己去想办法了。"

这次开诚布公的面谈让少云明白了自己与领导沟通不畅的症结所在。他知道是自己诚恳自然的表达让领导了解了自己。这时，他一下子感觉到无比的轻松，原来的困惑与不安都被抛到了九霄云外。

分析：

范例中的下属少云假如一直将不快郁结在心中，恐怕会让自己与领导之间的心灵距离越来越远，这不仅会延误工作，还会给领导留下不好的印象，觉得他工作不负责、不积极等，这种不良印象一旦形成，就很难改变，而很明显，少云的做法是对的，主动与领导交流，便可防止不良印象的产生。其次，少云的沟通技巧也是值得学习的，当他诚恳地要求主管领导一步一步、仔细具体地告诉他正确的做法和方向时，领导也进入了角色。如此开诚布公地交谈，上下级之间的关系会更紧密，于人于己都有益。

其实，下属害怕领导也不是毫无缘由的，诚然，有些领导脾气不好，工作中事情不顺，易向下属发脾气；为了维持自己领导的威严，在下属面前也板着个面孔；工作压力大，心情自然也不好。其实，这些是可以理解的，作为下属，不必因此而在领导面前战战兢兢，更不要害怕与领导交流，诚恳表达、自然流露其实更容易赢得领导的好感。那么，具体来说，我们该注意哪些问题呢？

1. 找准与领导沟通的时机

当我们在工作中遇到问题或者心存疑虑的时候，想要与领导及时沟通，光是有诚恳的态度是不够的，还要选择恰当的时机。别在领导的气头上说任何与之意见相左的话，选错时机比不沟通的效果更差。

2. 别绕开领导，与同事“分享”你的牢骚

在工作过程中，每个人考虑问题的角度和处理问题的方式都有不同，甚至对领导所做出的某些决定也可能会有自己的看法，这些看法甚至与领导的意见完全相反，这时候，这种看法很容易演变为牢骚。有些人害怕领导，不敢正面提出意见，就把这种牢骚与同事“分享”了。这种做法是最不明智的，你想，无论你说了什么，经过口耳相传，即使是事实也会变调变味。如果不幸让领导听到，事情就会更麻烦，即使日后有心交流，也很难改变领导对你最初的坏印象。

总之，在工作中，当我们遇到了问题需要与领导沟通时，一定要选择一个恰当的交谈时机，并摸清领导的脾气秉性，对症下药，诚恳地与领导交流，你的尊重和信任一般都能换来领导的信任和支持，事情自然会向着你意愿的方向发展。诚恳表达、自然流露是我们与领导交流的最基本原则，因为只有与领导诚恳、坦然地交流，才能让领导更清楚你的想法、才干，才能更好地安排工作给你，才能更好地培养你。

！向领导展示你的良好素质

无论是在日常生活中，还是工作中，语言的作用是无法替代的，它是人

与人之间沟通的主要工具，是表达思想的主要方式，语言的内容与说话方式，体现了我们的素质、文化修养等各个方面的综合素质。

在工作中，与领导交流，要学会以礼相待，多用礼貌用语交谈，让领导感受到你的良好素质和对他的尊重。相反，若对领导不使用礼貌用语，则会让其觉得你缺乏修养，不懂礼貌。试想，一个连最起码的礼貌都没有的下属，又怎么能获得领导的赏识和重视呢？

职场范例：

张杰刚毕业的时候，被熟人推荐到一家服装公司的销售部。那家公司有半年的实习期，由于自己是新人，张杰说话、做事处处小心。转眼三个月过去了，一切相安无事，但后来却发生了一件事，让他和领导的关系变得很紧张。

一天中午，销售主管出门开了一个重要的会议，会议开了很久。两个多小时过去了，主管终于回来了，气呼呼地说："外面这么大雪，谈什么生意，谈就谈吧，还刁难我，连午饭都没顾上吃，真是气死我了。"这时候，张杰一看领导心情很差，就走上前去准备安慰一下，可一时又不知道说什么，就简单地说了一句："辛苦了！"这话一开口，领导就回了一句："你以为你是谁？在你的位置上待上十年再来说这话吧。"张杰一时莫名其妙，不知道自己怎么就得罪领导了，明明是去安慰他，却被他骂了个狗血淋头，心中的委屈都不知道向谁倾诉。

销售部有个老周，新人一直是由他负责带的，人也很好相处，张杰就把被领导骂的事情跟老周说了。经过老周点拨，张杰才明白自己犯了什么错："辛苦了"只有上司对下属或者长辈对晚辈说，而自己只不过是个实习生而已，居然对经验丰富的领导说这样的话，也难怪领导会生气地说出那些话。

张杰真是悔不当初。

分析：

张杰遇到的这种情况恐怕很多职场新人也遇到过，自己不留心说的一句话就冒犯了领导。可见，懂得职场礼貌用语的重要性。其实，从领导的角度看，无论哪个领导，听到下属对自己说“辛苦了”这三个字的时候，都会不舒服，感觉这是一种不尊重和蔑视，自己的威严受到了挑衅。即使有些领导性格好，不会像范例中的领导那样大发脾气，但也会在心里对你产生极坏的印象，认为你是没教养、没素质的下属。

那么，针对范例中的情况，作为下属的我们，该怎样说才更为妥当呢？你不妨在“辛苦了”前面上加一个“您”字，“您辛苦了”这句话听起来就让人舒服多了，虽然意思完全相同，但这句话有了这个“您”字就变成敬语了，一开口就能显示出你对领导的尊重。

身处职场，一定要学会使用礼貌用语，让领导看出你的素质，哪个领导不喜欢有素质的下属呢？因此，你不妨学会一些礼貌用语并把它们当成日常说话规范：

1. 主动问候领导

作为下属，无论在什么场合，遇到领导，主动问候都会使你显得更有礼貌。如果距离太远不便呼叫，可用眼睛注视，当领导与你的目光相遇时，要点头示意一下。近距离时，则可用礼貌用语打招呼。

2. 注意礼貌的度，排除谄媚之嫌

与领导相处本身就要有一定的度，尤其当你在公众场合遇见领导，不要表现得过分热情，只需礼貌地说一声“您好！”就可以了。现实中，很多下属为了和领导搞好关系，在一些非工作场合遇到领导，认为好不容易逮到个机会，不能没礼貌，于是就说个不停，可能领导嘴上应承了你，但在心里早已对你不耐烦了，另外，也使你更有谄媚之嫌。

3. 和领导相处，更要礼尚往来

与领导相处，一定要学会以礼相待，俗话说，人敬我一尺，我敬人一丈。这一点也适用于职场。比如，如果前一天领导请你吃了饭，第二天见到领导时要再次致谢；如果领导受邀并参加了你的宴会或你举办的活动，一定要当面致谢，并送个小纪念品以示谢意，哪怕是一张纪念卡。

4. 陪领导应酬，要会一些基本的社交礼仪

身处职场，难免有一些应酬，而很多时候，这些应酬是要和领导一起参加的，作为下属，我们一定要会一些社交礼仪，才不会显得手足无措。就拿酒桌礼仪而言，举杯前要先等着领导，只有等到领导举杯了，你才能举杯，或者你可以举杯敬领导。切记，千万不要拿起杯子一句话也不说就一饮而尽，那样领导会以为你对他、对工作或者对公司有什么不满。

如何劝谏，让领导能接受你的意见

在工作中，由于受到一些认识方面的局限等其他原因，即使是领导，也未必能做出正确的决策，这些决策，有些是不切实际的，有些对公司整体的利益发展并无益处，有些甚至是完全错误的，作为集体一员的我们，有责任也有义务对领导提出意见，避免一些不正确的决策的产生。但实际上，很多下属做了很多前期工作，花费了很多时间和精力，但在真正劝谏的时候，却发现，原来领导并没有听进去，更别说采纳你的意见了。

其实，这主要是方法和技巧的问题，只有掌握正确的、领导可以接受的方式和技巧，你的进言才会奏效。

职场范例：

张军是一家房地产公司的销售部主管。这几年，公司的营业额一直很好，于是，公司决定在东区开发一片新的住宅楼。鉴于此，销售部开了个会议，主要是关于新房建成后的销售问题。会议由公司总部副总经理主持，这位经理下达了一个硬性指标，从楼盘发售起。第一季度要比现在的销售业绩增长 30% 。可是身处销售一线的张军认为这样的决策实在不切实际，他很了解现在公司销售部的情况，就没有几个有经验的销售能手，老员工有的辞职，有的退休，刚来的几个完全还是生手，根本不能指望他们。想到这儿，张军觉得必须要给经理提点建议，让经理收回成命，要不然等到指标公布了再想修改就困难了。

但张军听说这个经理脾气固执，决定的事情从不轻易改变。张军想，不能和他硬碰硬，还是迂回点好。于是，张军并没有急着在会上就提出来。散会后，他写了一份可行性报告，虽然还是有点害怕，但是他还是壮着胆子敲开了经理的门，在听到了经理的一句“进来”后，张军轻轻推开了门，递上了自己的报告说：“张总，打扰您了，这是一份销售报告，麻烦您批示一下。”

经理接过来一看，开始想说什么又没说，接着看下去，才发现原来自己的决策有错误，自己预期的目标根本不可能达成，按照这样的目标去为公司规划其他项目，将会造成无法挽回的损失。想到这儿，经理对张军充满了感激之情，并督促他要加紧对新手的训练任务。第二天，张总又开了个会议，针对自己的错误评估进行了探讨，会上，他说：“要不是张军的提醒，恐怕我已经犯下了不可原谅的错误。公司会采纳他的意见，加大在人力资源方面的投资。”从那次后，整个公司，不论哪个部门的领导，看见张军，都对他刮目相看。

分析：

张军的聪明之处就是摸清楚了领导的脾气，没有当着众人的面直接提出反对意见，而是迂回处事，通过一份可行性报告来证明自己的言论，这样，领导才更容易接受。

的确，并不是所有领导都愿意听下属的直言进谏，直接反对的言辞会让他感觉到自己的威严受到了威胁和质疑，领导一旦产生了这样的想法，即使你费尽口舌，也不能让领导听进去，还会让领导很反感。

向领导提意见，共同致力于团队的发展，是作为下属的义务，但要掌握一定的技巧，否则就可能引火烧身。那么，我们在进谏的时候，应该掌握哪些技巧呢？

1. 知己知彼，方能百战百胜

一定要对领导的脾气、性格和处事方式等做个全方位的了解，如果领导是个开明的人，你就不必浪费时间、拐弯抹角，你大可以直接说明，这样的领导一般都对直言进谏的下属有好感。而如果领导比较固执，你最好准备几套方案，此套不行，再施彼套，同时，一定切记，不能与之正面对决，迂回行事，他更能接受。

2. 要有良好的态度

始终不要忘记，和你说话的是你的领导而不是下属，对其要尊重更要诚恳，言语不可过多或过少，更不要因为得理而飞扬跋扈，不把领导放在眼里，那样，即使领导认可你的意见也不会采纳；而相反，语言谦恭，即使对方不完全赞同你的观点，也不会影响到他对你个人的看法。

3. 提出的意见要有可行性

和范例中的张军一样，他提出的意见就是可行性的，造成任务不能完成的主要原因还是人手不够。因此，我们在对领导提意见的时候，不要只说

“不行”，要多说“怎么做”。对领导提出更好的解决方案，他才会放弃自己原有的想法。

4. 要先肯定领导的想法

很多领导不愿意接受下属的意见，是因为他觉得一旦接受，就意味着自己的智慧不如下属。抓住领导的这一心理，我们在提出意见前，一定要先肯定领导，这样，他接受起来也就容易多了。

5. 表明自己的立场

你要让领导明白，你给他提意见，只是为了公司的发展，而不是为了证明自己的能力等，这样，领导也会心安理得。

与领导说话欲抑先扬的技巧

我们不得不承认，每个人都长着一双爱听赞美之言的耳朵，这是人的天性。赞美能打开人际交流的屏障，消除彼此间心灵的隔膜。赞美，让这个世界变得更和睦。

身处职场，我们会发现，有时候领导也会犯一些错误，工作中也会出现一些疏忽，作为下属，为了完善工作，我们有义务为领导指出这些不足，这时，赞美就起到了作用。如果不讲究方法地指出领导的不足，那么，这无异于直接否定了领导的判断，不但领导不会接受，还会影响你的晋升等。相反，如果先赞美一下领导，肯定他某方面突出的能力与优点，然后再提出一些不足的话，领导就不会感到没面子，甚至还会感激你的建议，你的话他也就能听进去了。

职场范例：

陈勇在一家珠宝公司的企划部上班，他做事认真，为人也很耿直，为此，也得罪了不少人。和他同时进公司的刘鹏进了公司的销售部，又因为一件事，刘鹏却进了公司总部，成了陈勇的上司。

在每月的例会上，宣传部部长决定："为了促进公司新款珠宝的发售，我们决定加大宣传力度，这个月月末就在本市的水上乐园举行一次大型展览，希望大家努力办好这次展出。"陈勇一听，觉得荒谬至极，他本来就觉得这个宣传部长太专制，什么事都喜欢自作主张，也不和其他人商议，这一点，他看不惯已经很久了。陈勇性格太直，当着众人的面，他就回了宣传部长一句："你这也太草率了吧，都不做市场调查吗？这可关系着我们公司下半年的销售额和资金的运转！"当时，会场上的人都屏住了呼吸。

"你知道什么，等你坐到宣传部长的位子再说！"说完，宣传部长气呼呼地离开了会议室。

但令陈勇奇怪的是，那次水上公园展览居然没有举办，而自己的好朋友刘鹏也爬到了宣传部副部长的位子。原来，那天会上，当陈勇走后，还发生了一些事儿。陈勇的同事刘鹏也很不同意部长的做法，但是他并没有像陈勇那样不给部长留一点面子，而是对部长道出了事情的利害关系："我一直都很佩服您做事的魄力，但这次我们推出的是我们公司今年的主打产品，水上乐园去的一半都是一些孩子，这么昂贵的奢侈品并不怎么适合在那里展出，到时候做了无用功就不好了。"部长一听觉得，说得没错，不但采纳了刘鹏的建议，还向总部推荐刘鹏担任副部长，成为自己的左右手。

分析：

针对同一件事，两种不同的说话方式，导致了不同的结果和职业命运。

有时候，说话不能太直截了当就是这个道理。面对领导的错误决定，陈勇开门见山地提出了反对意见，让领导在众人面前下不来台。领导的尊严受到了损害，自然很生气。而相反，刘鹏的做法明显好得多。他先赞美领导，肯定了领导果断的行事作风，这至少让领导觉得自己的能力是被肯定的，这样，在听取意见的时候，也自然容易接受多了。

可见，在指出领导不足的时候，先赞美能起到很好的作用。在日常工作中，作为下属的我们要明白，领导也并不是完人，也会犯这样或那样的过错，行为上也会有些失误与不足，我们在指出领导不足的时候，一定要注意方法，硬碰硬、针锋相对只会侵犯领导的权威，这种情况下，别指望领导会向你屈服。而相反，假如你能先对领导赞美一番，就顺从了对方的心理，你在劝说的时候，也少了很多阻力。

谁都希望被人赞扬，谁都不喜欢被人批评。领导更是如此，有哪个领导愿意在众人面前被下属指指点点？要想让他接受你指出的不足，不妨从赞扬开始，以下是一些应该注意的问题：

1. 不要当众批评领导

没有谁喜欢被批评，尤其是作为具有一定职场地位的领导，会更在乎面子和尊严，更不喜欢被下属当众批评。所以，有关批评的话要私下说，这样既顾全了领导的面子，又有利于你自身的形象。当领导在众人面前犯错时，你不妨提醒一下，这样，领导也会感激你。

2. 赞美与拍马屁不同

有些下属为了博得领导的好感，即使领导有失误也不指出，而是一味地奉承，这些谄媚之言说多了反而会让领导反感。如果先赞美一下领导，然后指出他的不足，他便会了解你的良苦用心。这样你的领导会更容易接受，同时也会对你心存感激。

3. 注意说话的语气

即使是赞美后指出不足，也要注意语气，用委婉的语气指出领导的不足更能令其接受。

话要中听，忠言还需顺耳

当今社会，一个人的能力表现在很多方面，会说话就是一种能力。放眼职场，会说话的人加薪、升职都比别人快一拍。当然，我们并不提倡靠谄媚、拍马屁获得优厚待遇。一个敬业的员工，绝不会靠奉承邀宠，但领导决策失误或者自己有更好的建议时，也绝不会充耳不闻、远离是非。所以，作为下属的我们，既要理解古人“不在其位，不谋其政”的道理，又要充分发挥自己的主观能动性，积极地思考问题，给领导当好参谋，做好助手，这样，个人发展才不会是无本之木，无源之水。

古人云：“忠言逆耳。”诚然，古代那些忠君爱国志士为国为民冒死进谏，我们着实很佩服，但是又不禁感叹，难道没有更好的建议方式吗？答案自然是肯定的，为什么不采取上级可以接受的说话方式呢？良药也可以不苦口，忠言自然也可以顺耳。

职场范例：

陈明是某电视购物公司的销售部主管，顶头上司便是销售部经理。接连三个月，公司的业绩直线下滑，为了促进销售，在季度总结大会上，经理提议大家可以开空头支票，也就是为了吸引顾客，另增设一些根本不存在的优惠或者服务项目。

对此，陈明很不赞同。他强调让职员拿空头支票外出办事，会有许多空

隙可钻，是极不负责任的。万一客户找上门来，不仅销售员个人的业绩乃至诚信会受到影响，也会连累到整个公司，甚至引发信任危机。也许是言辞过激，领导在恼怒中扔过来这样一句话："我看你是权限太大了。"

两个人正僵持不下的时候，一旁的销售员晓峰出来给他们打了个圆场："陈主管，就咱们经理的识人本领，有谁能逃得过他老人家的火眼金睛？不是经理信得过的人，经理能这么做吗？"僵局中有了这个台阶，陈明也就顺着附和，夸经理办事精明老到。经理听了当然很欢喜，而且，自己也在心里权衡这么做的利弊，悔恨自己差点办了糊涂事，会议结束的时候还表扬了陈明、晓峰对公司负责任的态度。

分析：

陈明要不是有销售员打圆场，恐怕不仅劝不住经理，还会和经理闹僵了，这样，无论对于他，还是公司的发展都没有好处。而很明显，帮他解围的销售员是聪明的，他更明白，作为一个下属，领导在乎面子，顺着领导的心思提出建议，更能事半功倍。都说不打不相识，其实不捧也不相亲。那么，作为下属，我们在让我们的忠言更加顺耳的时候，应该注意哪些问题呢？

1. 选择领导可以接受的方式

虽说一般情况下我们在给领导提出建议的时候，更多的是采取口头语言的方式，但并不是每个领导都愿意接受这种方式。不同的领导接受信息的方式是不同的，一些领导喜欢画面感强的图片，一些领导喜欢分析透彻的数字表格，一些领导要的只是一个结果……只有先知己知彼，了解领导乐于接受信息的方式，才能投其所好，将自己想要表达的观点更好地传达给领导。

2. 学会换位思考

不同的人，看待事情的角度是不同的，而且领导毕竟是领导，更能站在全局的角度去看问题，因此，你觉得有道理的事情，在领导看来或许又是另外一种情况，而这些，经常会让作为下属的我们被拒绝了，仍然摸不着头脑。所以，我们在与领导沟通时，如果能够改变自己的语言方式，效果或许会更好。在进谏时，你不仅要站在自认为对集体有利的角度，还要进行“换位思考”，站在上司的角度考虑问题。

3. 多与领导沟通、交流

由于信息的不对称性，往往你认为正确的意见，老板可能认为目前时机尚不成熟，所以“不便采纳”。此外，在陈述时多用中性词语及祈使句，而不要让领导感觉你是在将自己的想法强加于他，换句话说是给老板提“建议”而不是“意见”。通过适当的方式把自己的建议传递给老板，如果这个意见对公司发展非常有益，相信老板不会不采纳的。因此，你就需要平时多与老板沟通。老板也是人，同样需要与人交流。

4. 态度要谦虚

莎士比亚有一句名言：“期望往高处爬的人，应该踩着谦虚的梯子。”想让老板重视并采纳你的“谏言”，就应该牢记这句话。

所以，作为一名称职的下属，我们不要有“等着领导吩咐就是了”的想法，我们应该开动脑筋，给出几种解决方案，再说明其长处和短处，让领导选择，这样，你也得到了锻炼，领导也不会瞎指挥，这些方法是你想出来的，以后执行起来也比较得心应手。

与领导讲话摆正你的姿态

其实，我们深知，领导虽然和下属在职位上有区别，但领导也并非神人，他也会犯错，在处理问题的时候也会有失误。但领导毕竟是领导，他们所处

的地位给他们带来了一定的优越感，潜意识里他们认为更应得到别人的尊重，所以在姿态上也比下属高一等。因此，我们如果想让领导接受我们的想法，就必须在与其说话时放低姿态。

“领导永远是对的”这句话可以说涵盖了如何与领导谈话的全部精华，它告诉我们要注意与领导说话时的方式。“人有时会很自然地改变自己的想法，但是如果有人说他错了，他就会恼火，更加固执己见；人有时会毫无根据地形成自己的想法，但是如果有人不同意他的想法，那反而会使他全心全意地去维护自己的想法。”

这句话的意思也就是告诉我们，要放低姿态与领导说话，不要执拗地强调“我的看法是正确的”，即使你是对的，你也错了，因为你没有做到让领导接受。事实证明，在与领导说话的时候，态度比能言善辩更有效，同时更能省掉许多不必要的麻烦。

职场范例：

陆涛供职于一家事业单位，虽然从事工作已经很多年了，但他并不像其他同事那样能说会道，而且，他生性耿直、善良，说话大大咧咧，得罪了不少人，也包括他的顶头上司。

新一批政府补贴房分配名单下来了，按照陆涛在单位的工作年限和表现，陆涛认为肯定有自己，可当他正准备摆酒席庆祝的前几天，他收到消息说根本就没有自己，他当时很生气。好心的同事跟他说，搞不好是领导把你给漏了，去问一下比较好。

于是，陆涛带着火气来到领导办公室，没好气地说：“你是不是把我漏了？”当时在场的还有其他来访者。领导当时一听就愣住了，但不动声色地对他说：“小陆啊，这次单位有几个结婚的，急需用房，就先分给他们了。你好好努力，下次一定分给你，一并把你提干的事情解决了。”陆涛一听，高兴得不得了。

于是,从那以后,陆涛默默地、认真努力地做着自己的一摊子事儿。领导也总是夸奖他工作做得好,很努力很认真。因此,他总是很欣慰:自己没有白付出这么多,领导还是很认可自己的。他还想:只需领导的一句话,自己就可以在同等条件的同事们中脱颖而出!拿到房子,还能晋升!

但实际情况是,接下来的一批名单中仍然没有他,而且自己也没有被提干。看到别人前途美好,自己却不得志,陆涛情绪忽然变得很低落。他想,要是自己不努力工作,领导看不上自己,这还说得过去,可是,为什么自己这么努力,领导还是没有给自己机会呢?

于是,他开始反省自己,并转弯抹角地打听,才知道了自己总是得不到机会的缘由。原来是那天自己的话说重了。其实,领导的确是漏了自己,那天他当面顶撞领导,虽然领导当时没有表现出太大的反应,但却全记在了心里。陆涛一时悔不当初,恐怕以后升迁的名单里很难会有自己了。

分析:

职场本身就是一个复杂的社会缩影,陆涛得罪领导,让房子和升职与自己几次失之交臂,并不是因为他说了什么冲撞的话,而是他的态度有问题,给人的感觉好像是在审问领导似的,而且,当时的情况是,不只有领导一个人在场,这更让领导的威严受损,在能力和贡献都差不多的前提下,领导当然会优先提拔那些相对"懂事"的下属了。

领导本身在心态上就比我们有优越感,潜意识里他们认为更应得到别人的尊重,所以我们在向领导表达观点或者提意见的时候,一定要摆正彼此的位置。你要明白,他才是领导,不能本末倒置,尤其在某些特殊场合,给足领导面子才会让他接受你的意见。

那么,我们在与领导说话的时候,要注意哪几点呢?

1. 敢于说出自己的想法

事实上，我们不得不承认职场鸿沟的存在。经过调查显示：近64%的人在和上司有不同意见时会选择沉默，原因是“说了也没用，等于白说”。因为上司可能根本就听不进你的意见，更别提采纳了。另外，有32%的人担心谏言后上司会对自己有成见。于是，这些人对于自己的想法选择了沉默。

事实上，只要你进谏的内容是有意义的，并运用一些技巧，成功劝谏并不是不可能的事。放低姿态并不是说要和领导绝缘，一个不和领导有接触的人不可能赢得领导的好感，更别说让领导接受你的想法和意见了。

2. 诚恳稳重地应答

良好的态度会突显你的素质和修养，更能传达你的建议的诚意。而很多人光想着开口说话的技巧，却忽略了自己响应别人的态度。也有些人心直口快，说话不经大脑，常常离题或是牛头不对马嘴，这样的回话态度对沟通没有任何帮助可言，因此，在应答之前你应该仔细聆听，先弄清楚对方话里的含义与重点，再做出适当的回复，然后诚恳稳重地应答。

3. 提出谦虚的评断

忠言也可以顺耳，就看你说话的态度与用字遣词。如果你的出发点是好的，但是没有注意评论的时机与场合，踩到领导的地雷区，那么，也达不到正确评断的效果。这就需要我们细心观察，当领导有足够的时间与接受的耐心时，才是你评断的最佳时机。

评断别人是非常容易得罪或冒犯别人的行为，尤其当你评断的对象就是当事人时。你必须分外注重你自己的身份和说话的分寸。有些话该不该说，该以怎样的态度来说，最基本的解决之道，就是要保持谦逊的态度，让对方感受到你的真诚。

指出失误，不让领导难堪

中国人素来很爱面子，尤其是做领导的，掌握着一定的权力，自然有一定的权威和尊严。古今君王一言九鼎，明知犯错却不知悔改的大有人在，其实也就是这个道理：承认自己的错误也就是失了权威和面子。

唐朝时，唐太宗常常对魏征当面指责他的过错而感到生气。一次，唐太宗宴请群臣时酒后吐真言，对长孙无忌说："魏征以前在李建成手下共事，尽心尽力，我不计前嫌地提拔任用他，直到今日，可以说无愧于古人。魏征每次劝谏我，当不赞成我的意见时，我说话他就默然不应，他这样做未免太没礼貌了吧？"长孙无忌劝道："臣子认为事不可行，才进行劝谏，如果不赞成而附和，恐怕给陛下造成其事可行的印象。"太宗不以为然地说："他可以当时随声附和一下，然后再找机会陈述劝谏，这样做，君臣双方不就都有面子吗？"

从唐太宗的这番话中可以看出，他把尊严和面子看得十分重要。唐太宗是一代明君，最能听进去劝谏之言，姑且有这样的想法，更何况作为常人的诸位领导呢。所以，在工作中，当领导有失误需要我们指出时，一定要顾全领导的面子。

职场范例1：

王晶这几天对自己的部长很不满意，到处发牢骚。原来别的部门要从她所在的部门调一个人过去，王晶很想换一个部门，而且那个部门是做技术的，王晶正好也有这方面的特长。

于是在部长向员工征询意见的时候，王晶就主动地向部长表示自己愿意过去。但是部长好像根本就没有注意到她，最后反而让别人去了。更让

她郁闷的是，过去的那个人对于技术根本一窍不通。

职场范例 2:

李佳在一家比较知名的企业任总经理助理，他的顶头上司赵总因为是理工科毕业，始终坚信技术和设备才是硬道理。赵总毕业后的大部分时间也一直是在研究开发领域工作，而对于企业的管理模式以及人事方面基本上是一知半解，也不愿意在这方面有所投资。技术部门和管理部门之间实力出现明显不协调，而且，出于对技术的钟情与依恋，赵总总是喜欢直接插手技术部门的事，把管理的层级体系搞得乱七八糟，属下表面上不说什么，但私下里无不怨声载道，让李佳感到与其他部门的沟通协调倍感吃力。

经过思考，李佳决定向赵总提出意见。他对赵总说："真正意义上的领导权威包含着技术权威和管理权威两个层面，赵总您的技术权威已经牢固树立起来了，但是管理权威则有些薄弱，还需要加强。"赵总听后，若有所思。

李佳巧妙地规劝了自己的顶头上司，结果获得了成功。后来，赵总果然越来越多地把时间用在人事、营销、财务的管理上，企业的不稳定因素得到了有效地控制，公司运营进入了高速发展的态势，李佳的各项工作也顺风顺水，渐入佳境。

分析:

范例 1 中，下属王晶之所以没有能够如愿以偿，仔细分析起来，是她与上级交流的方式有问题。作为一名下属，这样迫不及待地直接向上级要求去另外一个部门，作为上司会感到很没有面子，上司会有这样的想法："难道你就这么不愿意待在我领导的部门里吗?"他自然就不会顺顺利利地让你去了。

而假如王晶换一种交流方式，找个没有旁人在场的时候和上级好好谈谈,向他表示:我很不愿意离开这个部门,我很想继续被您领导。但是我觉得自己对于这个岗位是一个比较合适的人选,如果让我过去试试,我一定很感谢领导对我的栽培。相信这样领导会很乐意让王晶过去的,而且也不会伤了和气。部长得面子,你得实惠,双方皆大欢喜。

和王晶比起来,李佳做得就很好。他首先肯定了赵总在技术方面的权威,让赵总有了面子,接下来的交流工作自然简便得多了。

所以,在和上级交流时给上级留足面子是很有必要的,也是给上司指出其失误的上等策略。

首先,他没有否定上司的观点和能力,而是站在上司的立场上,最终是为了维护上司的权威,出发点是善意的。这一点,领导绝对能体会得到。

其次,这种策略相对来说温和得多,能够充分照顾上司的自尊,易于被上司所接受,成功率较高,而即使不能成功,也不会有损上司的尊严和权威,上下级之间的关系也不会受损。

那么,我们在指出上级的失误时,该怎样兼顾上级的面子呢?

1. 选择适当的时机

这里主要照顾到你上司的心情和场合。如果你在众目睽睽之下揭你上司的短,指出他的错误,你和上司之间的关系就会宣布破裂。你可以选择无他人在场的时候,这更能照顾到他的面子。

另外,请记住他也是个普通人,当公务缠身、诸事繁杂时,他未必有耐心倾听你的建议,尽管你的建议可能极具建设性。

2. 注意说话态度和分寸

注意说话的态度和敬语的运用,恰到好处地表达出你的意思,由于你的坦率和诚意,即使对方不完全赞同你的观点,也不会影响他对你个人的看法。

3. 观点鲜明，长话短说

一般来说，下属提出意见时陈述过于冗长，上司大多会感到不耐烦。因此，你在准备指出他的失误时，就要有一定的准备，然后一气呵成地表达自己的想法和意见。假若你能在几分钟内陈述完自己的意见，即使领导不赞同你的观点，他也会因为你条理化的陈述而欣赏你。

总之，上级要保持一定的威严，所以在面对上级时，要注意给上级留面子，这样才能够和上级很好地交流。如果不给上级留面子，上级肯定不会听从你的意见，即使你的意见是正确的。

不想加班，找一个恰当的理由

“领导”这个词，绝非仅仅是一个头衔而已，领导身上肩负着比普通员工更多的责任。这其中包括督促下属努力工作，为整个集体获取更多的利益，于是，很多领导心里就产生了“加班是职业人的常态”这种想法，并且在心里根深蒂固地存在着，职场中这样的上司不在少数。当然，很多时候，这些领导根本没有关注下属的内心需求和心理感受，并不是所有人都愿意把自己宝贵的业余时间拿来加班。

可能当你的恋人正等着和你一起共进烛光晚餐时，你却被领导困在了办公室；可能当你的女儿正急需你回家辅导功课时，你却被迫听着领导无聊的抱怨；可能全家人正为老母亲庆祝生日时，你却正被成堆的数据报表烦恼着……现代社会，加班已经不是新鲜事，每个人都有加班的经历，加班本无可厚非，但当你实在不想加班时，你大可以告诉你的领导，但千万注意，一定要给自己找一个恰当、充分的理由，你才会胜券在握，否则就会给领导留下一个“怠工”的不良印象。

职场范例:

安琳所在的外企A公司,是一家实力相当的公司,虽说不是什么全球500强,但各项福利非常到位,除了主管级职位以上员工加班没有加班费之外,安琳对于薪资待遇没有任何意见。职位已经是市场主管的安琳,按照公司的规定,刚好是属于加班没有加班费的最下面那层。没有加班费,也没有调休,但安琳曾经认为这份薪水的性价比很高。

可是长时间加班的安琳,渐渐感觉自己的体力和心力已经严重透支,她才发现,赚这份薪水,实在不容易。

安琳实在不想再这样加班下去了,可是对于具体的加班事宜,她还不是很清楚,于是,安琳立刻给自己一位从事人力资源工作的同学打了电话,"如果老板让我加班,我不想加,是不是受到劳动法的保护?否则,我是不是就必须辞职了?"

安琳的这位同学没有给她一个明确的回答,只是说:"这其实不单纯是个劳动法的问题,如果你想继续从事这份工作,还是服从吧!"

安琳实在咽不下这口气,于是,她来到市场总监的办公室,直接对总监说:"我不想加班了,太累!"总监看着一向乖巧的安琳,很诧异,只说了一句:"你要知道,加班是职业人的常态……"这句话似乎是总监的口头禅,安琳不知如何回答,只得回到自己的工作岗位上。

从那以后,安琳的加班时间不但更长了,而且总监的脸色明显没有原来好看了。

分析:

其实,面对高强度的加班工作,安琳的确应该提出拒绝加班,但是,很明显,她的做法是错误的。对于拿职业感当令箭的上司,最好的办法是委婉地

拒绝,而不是直接与之对抗,比如,安琳可以在工作中时不时地暗示总监自己的身体状况、工作的繁忙已经让感情出了问题,也可以偶尔和总监沟通一下工作之外的话题,从而拉近上下级之间的关系,进而要点休息权,都是可行的沟通技巧。

那么,假如我们不想加班,有哪些理由可以帮助我们获得"免加班"的特权呢? 和领导沟通的时候,我们又该注意哪些问题呢?

1. 理由一定要合情合理

领导也是人,自然会有同情心,当你真的没有能力或者分身乏术的时候,言辞恳切地提出"不加班",他一般不会过多地为难你。但前提是,你必须有一个让领导听了感之深切的理由。

比如,你可以说:"连续三个月的加班,我感觉自己有点吃不消了,您一向是最体恤下属的,况且没有好的工作状态,肯定也没什么效率,您说是吗?"

2. 态度诚恳

没有哪个领导喜欢向自己挑衅的下属,更何况,你是有求于你的上司,态度不好、玩世不恭,即使你的理由是真实的、充分的,也失去了几分可信度,目的没达到,还给领导留下了不好的印象。所以,你的态度一定要诚恳。

3. 平时工作中要积极

领导之所以能成为领导,自然是聪明的,你的工作态度和工作能力,他会看在眼里、记在心里。工作中积极向上的员工,自然会博得领导的厚爱和好感,你在相对较少的工作时间里和别人完成一样的工作量,领导也没有理由不接受你的请求。

聪明人不仅会工作,还会休息,更会主动要求休息,总之,我们在工作中,如果不想加班,就给领导一个恰当的理由,让他信服。

拒绝领导，要找准恰当的时机

职场中，有这样一些人，无论是自己的工作还是别人的工作，都自己揽下来，对于别人的要求更是有求必应。因为不会拒绝，他们承载着高强度的功过压力，他们任劳任怨，可是却得不到提拔，混到“极致”也只是个资深员工，像一头老黄牛一样默默无闻地奉献着，却得不到该有的回报，这种人究竟为何有如此“下场”呢？

相反，又有一些人，在其位谋其政，不是自己的工作，轻松地就能推掉，而且和领导相处甚欢，于是扶摇直上，加薪和晋升的机会一个也没错过，这又是为什么呢？

很简单，这两种人不同的职场命运，与他们的为人处世的态度有很大关系。前者，究其原因，在于不够自信，对于领导交代的任务，因为怕得罪人，想讨好领导，做领导眼中的好人，于是来者不拒，领导自然欢喜有人为自己分忧。但实际上，正因为你只会接受而不会要求，更不会拒绝，加薪与晋升自然与你无缘。

关键是你不会拒绝，或者说害怕拒绝。当你的顺从成了习惯，而当你承受不住，终于发出微弱的反抗之声时，领导又会因为不适应你的态度而拒绝你的合理要求。因此，一定要学会巧妙地拒绝。而这最关键的一点是一定要把握好时机，不能太早，太早了你的羽翼还尚未丰满；更不能太晚，太晚，一切都迟了。

职场范例：

李红一直被公司的人称为“工作狂”，每天都是最后一个下班，其实，并不是她喜欢工作，而是没有办法，她是领导手下的“万能胶”，不管领导有什么事，只要喊一句“李红”，她就会随叫随到。“只要有李红在，我就放心了。”领导经常这样对身边的其他领导说，这话也传到李红的耳朵里，李红自然是

很高兴，她认为，既然领导这么赏识自己，一有晋升的机会，领导肯定会想到自己，毕竟自己也已经进公司三四年了，也算是个老员工了，而且工作认真积极，应该可以升职、加薪了。

但事实上，这样的“影子”消息一次次从李红的身边溜走，她还是拿着和身边那些新来的小姑娘们差不了多少的工资，不同的是，李红每天的工作任务是加班都赶不完的，有时候还要带回家做，可是那几个女孩却经常在办公室修指甲、化妆。李红很是气愤，想知道自己升职的这件事里到底有什么蹊跷，她找到了自己在人事部的好朋友，终于问明了原委。关于她升职的事，中层主管会讨论过很多次了，每次都被她的领导一句话否定了，说李红虽然业务能力不错，但管理能力不足，需要再锻炼锻炼。“你想想，如果你升职了，他上哪儿再去找这么任劳任怨的‘万能胶’？”她的好朋友对她说。李红一听，如醍醐灌顶，终于明白了。

李红很气恼，那个好朋友约她出来一起喝茶，她原本心情就很差，希望好朋友可以安慰一下自己，没想到朋友却说：“如果我是你们老总，我也不会升你的职。一个不懂拒绝的人，怎么去管理别人？”李红仔细想了想，觉得这话真的很有道理。

后来，当领导给她增加工作量时，李红终于鼓足勇气说：“我最近手头的事实在太多了，真忙不过来。”领导一听，脸立刻变了色：“可是，好像只有你在这上面经验丰富一点啊。”

“那好吧，我试试看，但是，那个项目，最起码还需要几个人，不然我不可能一个人做完。”当李红说完这些话的时候，心差点儿从嗓子眼跳出来了，她是聪明的，如果领导答应给自己派助手，就相当于变相给自己升职，自己的工作也能分担出去了；如果不答应，领导也不好把新任务硬塞给自己了。

果然，老总再也没提过加班的事，还一反常态地经常关心起李红来，让她工作的时候要注意身体等。

分析：

职场中不乏李红这样的人，因为对领导不会拒绝，弄得自己身心俱疲，而作为领导，当他给你分派任务时，他并不知道任务对你的轻重，但他知道，把任务交给那些不会拒绝的人比较省事，而加薪、升职却更艰难，因为领导不想重新去寻找一个和你一样温驯的羔羊。

我们看得出，李红拒绝领导的做法也是值得学习的，在恰当的时候提出，先肯定领导的做法，然后道出自己的苦楚，领导也并不是不通情理的，只要态度诚恳，领导一般都能接受。

因此，我们要学会拒绝领导，更要学会选择一个恰当的拒绝方式，那么，我们应该注意哪些呢？

1. 不能当众拒绝

领导是最要面子的，不允许自己的尊严和权威受到挑衅，你当众拒绝他，无疑就是让众人怀疑他的能力与智慧，领导会认为你狂妄自大，不把他放在眼里，另外，领导内心的逆反心理会被你激发起来，无疑，你当众被“击毙”的风险也大大增加。

2. 先肯定领导再拒绝，再总结性地肯定

首先肯定领导策略的正确性，然后提出自己的想法，最后再对领导的英明决策进行一次总结性的肯定。这种方法被称为“三明治”式的拒绝，通常都能为大多数领导所接受。

3. 给领导一定的思考时间

领导给你分配高强度的任务，多半是他没想到那么大的任务量对你的影响，当你恰当地拒绝后，他的思维会有一个缓冲阶段。多从他的角度想想，当领导想通后，或许他并不会承认自己的失误，但和范例中的李红一样，在日常工作中，你将会获得意外的惊喜。

总之，无论是职场还是做人做事，拒绝是一门学问。要学会这门学问，我们就会轻松得多。

与领导沟通，要做好几方面的准备

可能我们还记得，在刚踏入职场的那一刻，当我们面对面试官时，我们能深深地体会到，只有准备充分、全副武装，才能轻装上阵，减轻紧张感，沉着应对，而我们工作数年，当我们再次面对领导时，是否忘记了这一点呢？

美国广告大王布鲁贝克在他年轻时，他所在公司的经理问他："印刷厂把纸送来没有？"他回答："送过来了，共有5000令。"经理问："你数了吗？"他说："没有，是看到单子上这样写的。"经理冷冷地说："你不能在此工作了，本公司不能要一个连自己也不能替自己作证明的人来工作。"从此，布鲁贝克得到了一个教训：对领导，不要说自己没有把握的事情。

的确，工作中，很多问题，我们需要与领导沟通，需要向他请教一些难以解决的问题，比如那些我们的职权无法涉及的方面，但切记，和领导沟通，一定要准备充分，要给领导留下一个干练、专业的形象。

每一个下属都有要向领导请示工作的时候，如果你准备不充分的话，就很容易陷入一种骑虎难下的境地，因为有些领导喜欢把问题扔给下属或者征求下属的意见，他会问："以你的看法，你觉得这件事该怎么解决呢？""你认为下季度的预算大概是多少呢？""仓库这样的材料还有多少？"……这些问题，如果你事先不做足准备的话，就可能会不知所措，无法回答，或者回答的时候支支吾吾、毫无逻辑。而你这样的表现，无非是告诉领导，你还没有准备好就去请示了，你对事情的原委并不是很熟悉，你甚至缺乏独立工作的能力。

所以,在和领导沟通之前,一定要做足准备,对所要请示的问题,一定要有个全面的了解,并形成自己的意见之后再去请示,这样,才能从容不迫,应付自如,才能给领导留个好印象。

职场范例:

王瑞是一家空调公司的技术员,因为技术过关,不到一年的时间,就晋升为了主管,他的顶头上司便是公司老总。王瑞是个聪明的下属,进公司不到半年的时间,就摸清了各个领导的脾气。

最近,有个老客户,总是来公司找王瑞,希望王瑞可以亲自去为他们公司的空调进行维修,其实,王瑞当然可以去,但如果自作主张,势必影响不好,而且,就费用问题,公司也没有相关的规定,于是,王瑞决定找经理请示一下。

王瑞半年前就了解到经理有一个习惯,就是下属在请示问题的时候,他常常不会很明确地说出自己的看法,所以王瑞知道在向领导请示工作之前,自己一定得先想好“对付”经理的办法,否则就会对自己完成任务比较不利。王瑞找到经理之后说:“客户要求我们上门维修,他们公司的空调全是我们的产品,可是这些天我去看了一下,并不是空调的问题,而是他们的设备有问题。但是客户自己不明白这些,他非要我们赔偿,我说先回来和您商量一下,再作答复。”

但似乎经理并没有在意,就说知道了,没有给王瑞一个明确的答复,而王瑞今天必须给客户一个答复。看到领导的态度,王瑞大着胆子问:“我们是免费上门维修,还是收取一定的费用?客户要求我们今天就修好。”经理无所谓地说:“那你就去修吧!”可这个答复也并没有解决王瑞的问题,因为没有涉及维修费用,而且王瑞还要加班,加班费呢?

无奈之下,王瑞只好又硬着头皮问:“我现在想知道,这个维修是否在我

们的制度规定之内？”

经理说：“在。”

王瑞继续问：“如果在，属于哪个范畴？费用自理，还是免费？”

经理说：“免费。”

王瑞又接着问：“如果免费为他们维修，所需要的器材应该不是我出吧？”

经理说：“费用暂时由你出，回来后凭发票报销。”

王瑞笑了笑，最后问：“今天如果我赶过去维修的话，就应该是下班时间了。”

领导说：“那就算加班吧！”

于是，王瑞把刚才和经理的谈话内容都记在本子上，然后对经理说：“您看，我怕忘记了您的交代，都记在本子上了，请您核对一下，看看少了什么没有？”

当经理点头说“没问题”之后，王瑞就去工作了。

分析：

很明显，王瑞的做法是对的，只有事先做好准备，才能在向领导请示的时候，有理有据、循序渐进地向领导发问，然后得到你想要的答案。而且，在请示完后，他做好记录这一个细节也是值得学习的，因为只有问清楚，做到各项问题明确，才不会给自己留下后患。

那么，我们在为事先谈话做准备的时候，应该注意哪些问题呢？

首先，要运用逻辑思维，循序渐进地提问。你不妨先设想几个领导可能会提出的问题，然后给出具体的问答方式，让领导跟着你的思路走，同时，要注意，具体情况，具体分析，避免“欲速则不达”。

其次，要站在领导和自身共同利益的角度，让领导感到你也在替他考虑。

最后，要考虑周全。比如，在谈话的时候记下谈话内容，就是考虑周全的表现。

另外，在与领导沟通前，要想好几个可以应对的方案，避免回答不上领导的提问；如果领导已经同意某一方案，你应尽快将其整理成文字再次呈上，以免日后领导又改变主意，造成不必要的麻烦。并且要先替领导考虑提出问题的可行性，这可以提高顺利沟通的成功率。

第 2 章

要会听，让领导在你面前打开话匣子

什么是沟通？沟通是人与人之间、人与群体之间思想与感情的传递和反馈的过程。沟通是双向的，我们除了要会说，还要学会听，这其中也包含了很多学问。身处职场，免不了要和领导沟通，听说并用才能打开领导的话匣子，才能达到更好的沟通效果。

对领导的肺腑之言给予反馈

当今职场，很多人认为下属和领导之间永远是对立的关系，和领导相处，敬而远之才能相安无事。这种想法既不现实，也是消极的。因为我们在日常工作中，不可能不与领导接触，这就需要与领导沟通，再者，与领导沟通的好坏，也直接影响着我们的工作状态和工作效率。所以，我们必须学会与领导沟通。

我们知道，领导与下属上下有别，为了显示自己的权威和尊严，领导一般不会与下属细言碎语。但实际上，工作中，我们发现，领导有些时候会主动与下属沟通情感，倾吐自己的肺腑之言。面对这种情况，我们一定要学会巧妙应对，在学习技巧前，要懂得用心体会领导的感受，这一点也特别重要。因为当你能站在领导的角度去考虑问题，感受领导的内心世界，感知他的压力，并同时表示理解时，你很快就能与领导产生情感上的共鸣，这也正是沟通的意义所在。

职场范例：

陶芊是一家大型外贸公司的总裁秘书，她的老板是个脾气古怪的人，底下的员工都不喜欢他。因为和老板接触多，老板很多时候，还会对陶芊发脾气，受了委屈的陶芊经常会想到辞职。

但突然有一天，老板对陶芊说："我知道我是一个很难相处的人，公司没有人喜欢我，背地里也没少议论我，可是我也是没办法啊，我尝试过相信别人，可是我被骗得身无分文。那时候，我还是个小个体户，正准备与我的好朋友合开一家大一点的外贸店，但当我把门面装修完，连销售人员都请好了，把钱交给他进货，可是他却拿着我那时候身上所有的积蓄跑了。"所以，原本话不多的他变得越来越内向了，不愿意与人沟通，不相信别人，事无巨细都要自己去做。在一些具体工作的细节上，就会特别苛求，对自己对别人都是一样，于是便成了一个"绝对的完美主义者"。如此一来，那些下属也都害怕他，当然，敏感的他对自己的这种状况心知肚明，但除了痛苦，别无他法。

陶芊不明白老板为什么对她说这些，但她还是被老板的这种痛楚感染了，她以她一贯的笑容对老板说："那些往事都已经过去了，况且，要不是那时候经历了这一番痛苦的心理折磨，您怎么会有今天如此辉煌的成就呢？"

老板笑了笑，对陶芊说："那时候年轻，什么都不懂，正因为这样，吃了不少苦头啊！"末了，老板又说："当真正了解了自己的性格特点后，不仅能帮助你在选择异性伴侣时少走弯路，建立一个美满、温馨的家庭，还能让你在工作上也称心如意，事半功倍。"

陶芊这下子听出来老板的意图了，于是说："这正是您的优点，对事要求严格，值得我们学习，我非常愿意和您共事。"

陶芊和她的老板一直这样快乐地聊着，她始终记得自己是领导的秘书，让领导充满自信地表达下去，也是自己的职责！果然，在以后的共事中，她与老板有了更多的默契。

分析：

范例中的下属陶芊的做法是正确的。面对老板的肺腑之言，她能用心体会、感同身受，让老板感受到自己被理解和支持，这次开诚布公的交心自然能加深下属和领导之间的情感，有利于日常工作的开展。

同时，我们从这个范例中还可以看出，领导向我们吐苦水，并不等于他需要我们的帮助。也许，他有时候是拿自己的苦水来暗示你，此时你要做的是给他一个肯定的答复，让他放心和安心。陶芊就是聪明的，当她向领导保证自己愿意和领导共事时，也就给领导吃了一颗定心丸。

每个人都有自己内心不被挖掘的地方，当领导愿意把这些心声向你吐

露时，说明他信任你，希望获得你的理解和支持，或者希望你帮忙解答他心中的疑问，这时候，你更需要站在他的角度上，帮他走出阴影！

而要做到这些，我们要从以下几个方面努力：

1. 用心去听、去感悟

当领导倾诉的时候，用心倾听是表达对他尊重的最好方式，千万不要在他意兴正浓的时候打断他的话，用心倾听，感知他的内心世界，寻找最好的方式予以回应，正是你此时应该思考的问题。

2. 适当时候予以回应

一味地听，会让领导觉得你像个木偶，他的苦水与衷肠得不到别人的同情和回应，他高昂的情绪会很快低落，激情也会逐渐冷却，这对于接下来的沟通都是不利的。

3. 注意沟通技巧

对方倾吐的过程中，在没有对工作产生影响的情况下，你可以采取主动的方式引导其一步步诉说，但还要注意态度和说话方式，否则领导会觉得你不尊重他；其次，你需要注意的是，如果领导主动和你诉说的是非工作上的事，你需要顺从领导，尽量防止沟通过程演变为，诸如商讨问题、向领导汇报工作、领导进行工作评价等沟通类型，这样会“辜负”领导对你倾吐的诚意。

的确，有时候，和领导一个眼神的交流，一次开诚布公的交谈，能使我们与领导的关系获得出乎意料的进展。而这些，都需要我们学会用心体会，学会去感知、感悟、交流。

认真倾听，做领导忠实的听众

职场中，上司就是上司，员工就是员工，你想和他良好地进行沟通，除了要有出色的表达技巧外，还要学会倾听，你就必须要站在领导的角度思考问题，因为沟通的潜规则就是下级以上级的标准为标准。如果你不摆正双方的位置，希望领导尊重你的标准，那你就永远不可能成为领导的知己。

每个人都渴望被理解，都希望被倾听，领导更是这样，正所谓"曲高和寡"，职位、管理级别越高，他们就越渴望与人交流。而且领导一般都有对下属畅谈人生经验的欲望，希望下级崇拜他。因此，不妨做个忠实的"听众"来听他高谈阔论，对于肯比别人更用心"聆听"上司言论的下属，上司自然会给予更多的信任。

职场范例：

杨伟是部门新上任的主管，公司按例每月要开一次中高层会议，商议一些事宜，可能这样的会议早已经屡见不鲜，大多数领导人已经把这种会议当成一种形式。杨伟第一次参加这样的会议，认真做了准备，带上了纸笔，和他一起参加会议的也有一些和他一起上任的新主管，看着杨伟正襟危坐的样子，大家不禁都笑了。

这次主持会议的是董事长的得力助手。商讨的是公司的一些人事变动问题，其实，这类问题的讨论也已经不是第一次了，无非是各个部门之间的一些主管、小领导之间职位的变动，大家都听厌了，只等通知就是。可是杨伟坐在后排，居然把这些人事变动的详情都记下了，而这些也被主持会议的董事长助手看在了眼里，散会后，他让杨伟留了下来。

"为什么会上大家都无所谓，你却记下了这些名字呢？"董事长助手问。

"因为，我觉得工作中一定要细心，我刚上任，以后肯定会麻烦这些前辈和领导，记下他们的名字才不会出错。"杨伟如实回答。

"你想得真周到，我们现在工作的状况是，很多人都倚老卖老，董事长每

次让我开会，我多是硬着头皮去的，那帮人从不把我放在眼里，我是有苦说不出啊。”说完，他长叹了一口气。

“这种会议的确不好开啊，毕竟参加的都是一些老将，也不知当说不当说，其实，如果您尝试一些新的会议形式，也许倒能激发大家的积极性，比如……”董事长助手听完后，觉得十分有道理，就采取了杨伟的建议，果然，每月的例会开始有生机了，而在助手的大力推荐下，杨伟很快升到了部门经理的职位。

分析：

作为领导，谁都希望能够得到下属的尊重和支持，因此对于积极配合的下属，领导也一般都会给予较多的关照。

杨伟就是这样博得董事长助手的好感的。在会议上，他的表现就是尊重领导，而会后，对于领导的抱怨，他也并没有表现出不耐烦，而是认真倾听并给予实质性的建议，自然拉近了与领导之间的距离，升职也自是在情理之中。而参与会议的其他人则是反面教材，在领导的眼里，如果自己的下属在公开场合使自己下不了台，丢了面子，那么这个下属迟早会出问题。正如一位心理学家所说的那样：“人们都喜欢喜欢他的人，人们都不喜欢不喜欢他的人。”

在与领导沟通的过程中，我们必须学会倾听。因为沟通是双向行为，每个人都渴望自己的言谈能引起别人的兴趣，领导更是如此。另外，倾听是沟通的一个重要方面，沟通中，只有一方善于表达，一方善于倾听，才会达到真正沟通的效果，倾听是对领导表达的最好的回应方式，表明你听进去了领导的言谈，试想，如果当你的领导兴致勃勃、绘声绘色地向你讲述一个故事或传达一个好消息，而你的反应却是抓耳挠腮、顾左右而言他时，领导的演讲兴趣会大打折扣，你在领导心中的形象分也会降低很多。

为了使信息及时、有效地在双方之间传递，你必须学会倾听，比如我们可以做到以下几点：

1. 注意言行，传达你的兴趣

在领导有意与你进行沟通时，你要做出一副感兴趣的样子，要注意自己的言行，传达你的兴趣，积极配合领导的言谈。比如领导与你交流时，你不能东张西望，眼光游离不定，这样的动作传达的是你的不耐烦；另外，你也不能看表、翻阅文件或者玩手机等，应使他认为你在关注他的话，你在重视他的言论。这样不仅会增强他的诉说欲，他还会乐意向你提供更多的信息，你在此沟通过程中也能准确、完整地得到他想传播的信息。

2. 适时反馈

沟通是双向的，倾听，只是满足了对方倾诉的愿望，而他还有被回馈的愿望，这才表明你用心听了，真正体会到了他的感受。你可以做到：

上司发表演讲，你应该认真倾听并做好记录，并适时地积极鼓掌，大声喝彩；如果上司相邀去吃饭，你要主动、积极地表达自己很荣幸。当领导与你聊天谈心时，你不妨使用这样的话语："每次听您说话，都让我获益匪浅，听您叙说人生经验是我人生最大的幸福！"这些话会成为和领导沟通的最好的润滑剂。

3. 肯定对方的感受和想法

无论在倾听的时候，还是反馈意见的时候，你都要肯定对方的感受，这是互赠情谊的基础，如果领导性情不好，并把缘由告知与你，却遭到你的反驳，那无异于火上浇油，一发不可收拾。

即使领导说的都是一些陈词老调，你也要倾听，时而给予共鸣或由衷的赞美，而不应该表现出任何不耐烦，这种部下是最被赏识的。

总之，身处职场，只有学会做领导忠实的听众，才能实现有效的沟通，拉近和领导间的距离。

对领导的错误批评别往心里去

身为职场中的一员，我们每天都要和上司打交道，工作中由于误解等原因，难免都会受到上司的批评，其实，谁都不愿意被上司批评，更不愿意上司当着同事的面批评自己，让自己颜面尽失，但是，你不妨转念一想，上司批评你，说明你还是被重视的，而且，领导被琐事缠身，发点脾气也很正常。因此，面对领导的错误批评，我们不要太较真，多听少说才是良策。

只有多听少说，才能让愤怒中的领导自己将脾气发泄出来，而如果你与之唇枪舌剑的话，最终受伤害的还是你，其实，不管是什么原因受到领导的批评，只要你还不想调离或辞职，就不可陷入僵局，否则在这样的环境里工作你不仅不愉快，而且还会影响你的前程。

职场范例 1：

郑勤是公司公认的美女，最近，她一改自己以前的可爱路线，在同室女孩的催促下，开始把自己打扮得成熟性感起来。而这却被严肃的上司看在眼里，他看郑勤的眼神越来越不对，脸色也越来越不好看。虽然上司暗地里说过她，可是周围同事的吹捧让郑勤根本听不进去。她这么穿着打扮已经一个月了，上司的脸色随着她衣服的变化越来越难看了。

那天开会，上司在会议上说："这里是公司，是你上班的地方，那种花哨的衣服最好不要穿！"郑勤明知道上司是在说她，但是她仍装作不知道。没有想到上司看她不在意，竟然点起名来批评了："比如小郑，这么穿就不合适，这里是你上班的地方，不是你相亲的地方！"其实，她这人脾气很好，但是上司这么一说，她就来气了："我觉得我穿什么衣服和你无关吧？"

上司被郑勤这么一激，便生气地说："这是一种企业文化！难道要我向你重申一遍?”过了一会儿,他对坐在身边的行政助理说:“王助理,你将我们的企业文化理念告诉她!”于是,郑勤又坐在那里听了一大堆关于企业文化的东西,当时她觉得特别难堪,也特别委屈,一时不知道该怎么解释。

职场范例2:

赵亮供职于一家IT企业,公司不大,但同事之间钩心斗角得厉害,赵亮就曾被人“谋害过”。

有一天,正在工作的赵亮被领导叫到办公室,然后把一堆文件扔在他眼前,然后很生气地问:“这是你做的统计吗?”

赵亮看了看,的确是,而且为了这份文件,还花了他一个周末的时间呢。于是,他沉稳地说:“是我做的,我花了整整一个周末的时间完成的!”上司看了他一眼,不屑地说:“是吗?两天啊,时间可真不短啊,那是你能力有问题,还是粗心马虎啊?你看看,你做的什么文件?多么重要的信息,都没有记录!”连续几个问号差点把他问晕了!想起刚来这里的时候,同事小李对他说:“上司是个经常爱发脾气的人,做事情要防备着他,别叫他抓住小辫子。万一被批评了,就保持沉默,沉默是最好的法宝。”于是,赵亮只好沉默。

似乎上司认为他认错态度良好,就语重心长地说:“做事情一定要稳重,不能想当然。一定要懂得下功夫,将所有的资料都统计清楚……”

“把所有的资料都统计清楚。”这句话让赵亮很诧异,难道还有什么资料没有统计到吗?这时,他感觉事情有蹊跷,不由得问:“领导,我想知道,我这次丢了什么重要的资料?我不是不服气,而是想知道自己错在哪里,利于我更正错误!”上司找出他丢的资料给他看,可是他从来就没有看见过这份资料,他委屈地说:“这个资料小李压根儿就没有给我过呀?”上司一愣,打了个电话把小李叫了进来,几个人当面一一核对,果真是当初小李没有给赵亮这份资料。

分析：

从以上两个范例中，我们能看出两种不同的处理领导批评的方法的优劣性，很明显，范例 1 中郑勤的做法不好，什么样的职业适合什么样的服装，而且，领导已经批评过她了，自己错了就要改，更不能与之顶撞，这无异于给自己找难看。而范例 2 中的赵亮保持了沉默，并注意认真倾听，把说话和发泄的权利交给了领导，领导很快消了气，转而和赵亮一起找出问题的症结所在……的确，受到批评时，如果不是你的错，不要着急去和上司理论，而是要稳妥地想办法，让上司自己去发现你是被"冤枉"的！如果你没有这个能力，也不要和上司争吵，终有一天真相会浮出水面的！

所以，当上司批评我们的时候，要尽量多听少说，别太较真。具体来说，我们应该做到以下几点：

1. 学会理解领导

要想得到领导的理解，你就必须先理解他，范例 1 中的郑勤只想着上司能理解自己的穿衣风格，但是却没有站在上司的角度去分析，领导一般都很在乎每个员工的形象和企业自身的文化，自己的行为不妥，就不要解释，而是要倾听，找到解决的办法，重新调整自己在上司心中的地位。

2. 控制情绪，好好沟通

假如你被上司误解，或者被同事陷害，都需要沟通，不较真也并不代表沉默，你可以在控制自己情绪的情况下，和上司当面好好沟通。但是要切记，不要等事情发生很长时间之后再去解决，时间太长，即使你是被陷害的，上司也会觉得你是一个记仇的人，你给上司的印象分也就会很低！

3. 主动示好

这一点适用于那些得罪上司的下属。如果你和上司有冲突，那么你要做的是消除与上司之间的隔阂，因为毕竟你还要与其相处，除非你选择另谋高就，别等上司主动示好，你要做的是主动递上橄榄枝。当然，这最好是在非工作场合。你可以找个适当的时间和场合，以婉转的方式把自己的想法与他沟通一下。或许这一次的沟通会让你们不仅能成为工作上的好伙伴，还能成为生活中的朋友。

总之，对于领导的批评，你不可太较真，少说多听，才是最好的解决之道，让不愉快成为过去，向上司表示尊重，不仅是你为了生存与发展而采取的明智之举，也是在向更多的人表示你的修养和风度！

让领导感觉到你对他的尊敬

中国有句古话，与人交谈，要想着说，而不能抢着说。这一点，同样是身处职场的我们与领导说话应该遵循的准则。毕竟与我们说话的是领导，说话毫无边际和头绪、滔滔不绝会令领导很反感。不要以为你的上司很随和，更不要以为你的上司几乎和你一个年纪，就在和上司说话的时候抢夺“话语权”，即使再随和的上司、年龄再小的上司，都会有一种意识：他是你的上司，你要在言语中体现出这种职位的高低之分！

正确的做法是学会倾听，多听少说，适当地予以回应，让上司感受到被尊重，看到你谦和的态度，这样才会使得交谈结果有利于你。

职场范例1：

马玲玲是一名文秘，性子很直，脾气很不好，有时候，连上司也常得罪。

有一天，她正在整理一份文件，突然，领导叫住她：“小马，昨天下午说过的那个材料表今天一定要交给我。”马玲玲的思绪一下子被领导打乱了，就随便回了一句：“知道了，你没看见我正在写吗？”

马玲玲说完，领导倒是没说什么，可是出办公室的时候，把门摔得很重。马玲玲自然很委屈，对同事说："我正整理材料呢，他叫我把材料给他，又不是看不见，不是故意刁难我吗？"同事说："可是你想过没有，他毕竟是领导，你这样做，会让他很难堪。他虽不能因为你言行上的失误而把你辞退，但是保不准以后会变着法儿整你！"马玲玲听完以后，知道是自己错了。

职场范例 2：

小张是一名记者，心眼好，是单位公认的老好人，也有人说他傻，可正因为这一点，有一次，他歪打正着，好人有好报，居然升了职。

有一天，他和同事小何正准备下班一起回家，他们已经连续加了一个星期的班，终于有时间可以好好休息了。可正在这时，上司进来了："小何，你先别走，公司有一个非常重要的客户来了，你来帮忙招待一下。"小何觉得非常疲惫，就没好气地说："凭什么叫我接待呀？我已经下班了，当时招聘我来时，你们又没有讲过要这样那样的！"

这时，小张为了帮小何圆场，赶紧说："我去接待吧，小张家今天有事。"

没想到，领导让小何接待本来是想提拔他，是他的态度毁了自己的前程。而小张呢，顺其自然地成了主管。大家都开玩笑说，好人有好报。

分析：

从这两个范例中，我们看到和领导说话，一定不要忘记，他是上司，你是下属，要搞清楚，谁主谁次、谁尊谁卑，在这种姿态下，无论领导说什么，好好听，就不会和领导产生摩擦和矛盾了。

范例 1 中，同样是无心的一句话，却有不一样的效果，有时小小的一点错误，发展到后面就会变得很大，马玲玲也因此得罪了领导。而范例 2 告诉我们，要分清自己和上司的角色，对于上司交代的任务应该义不容辞地去做，如果有什么理由应该说清楚，而不是去顶撞。并且，有的时候，上司多给你安排一些工作，事实上是在考验你，或从心里觉得与你走得更近些，或你更好说话一些，这个时候其实是你表现自己的一个绝好机会，如何去把握就看你自己的行动了！

所以，与上司沟通，一定要认清自己的角色，要学会听，那么，我们具体该注意些什么呢？

1. 不要在言语上争胜负

有人说，吃亏是福，和领导说话也是，尊重领导，让他获得语言上的优越感，你会得到上司更多的垂青。相反，如果你和领导争，即使你说赢了，你也输了。

2. 别计较领导的授命

与范例2中一样，工作中，可能领导会临时分配给你一些工作，你要做到沉默，然后接受工作，临时的事是一定要有人做的，你要一口答应，一肩挑起。最难的是：要毫无怨言地圆满完成。如果你毫无怨言地去做，你的上司会非常感激你，他即使当时不说，也会利用另外的机会表扬你、奖励你、回报你。而你如果说："凭什么要我去？"如果你这样子去计较，你在一个组织里是很难出头的。而且，领导让你临时授命，是重视你、信任你的一种表现。

3. 永远不要冲撞你的领导

无论领导说了什么，都不要去冲撞他，否则便是"自掘坟墓"，除非你想另谋高就。

用非口头语言表达感受

有的人错误地认为，沟通仅仅通过语言来实现。其实，很多时候，一些

非口头语言也是沟通的重要方法。

非口头语言种类非常丰富，比如我们的动作、表情、眼神。我们在说每一句话的时候，用什么样的音色去说，用什么样的声调去说等，这些都是肢体语言的一部分，还比如一些动作和行为等。

在工作中，我们与领导沟通的时候，可以用非口头语言将我们的感受传达给领导，这样能有效回避口头语言传达的直接性。

职场范例：

海涛是一名航空公司的主管，很有亲和力，总是对人笑嘻嘻的，整个公司上上下下，没有谁说过他的不是，大家有什么心事，也总是对他说，他从不会拒绝任何人的倾诉，因为他认为，别人愿意跟你说，是因为他信任你。

海涛的顶头上司是一个刚过四十岁的女人，不知为什么，她最近特别爱发牢骚，公司里的人没有不被她找过茬儿的，唯独海涛没有，相反，她还经常把海涛叫到办公室或者是约出去喝茶，两人像姐弟一样。

这天，下班后，上司又没回家，一直坐在办公室里，海涛正答应女朋友下班后去接她，就被她叫了进去。

其实，海涛是有心理准备的，她肯定又要说家里怎么样，丈夫、女儿怎么让她生气，领导又怎么难为她，下属不卖力工作，等等，海涛一边听着，一边就着急了，女朋友又该等急了，晚上还要和她一起看电影呢。

听着领导的话，为了表示自己的赞同，海涛还不时回上几句，但海涛想，必须想办法摆脱领导，不然今天晚上女朋友肯定和他翻脸。于是，他拿出手机，假装回了条短信，可是，领导根本没有要停下来的意思。于是，他又看了看手表，此时领导已经有所领悟。然后他又暗地里把手机闹钟开了一下，手机响起来了，海涛抱歉地说："失陪一下，我接个电话。"

"你等一下啊，我一会儿就去接你，现在有个会要开，一会儿当面赔不是。"

领导一听，海涛居然为了听自己唠叨向女朋友撒谎，心里很感动，对海涛说：“你去忙吧，我没事，别耽误你们约会了。”

海涛获得应准离开了。

分析：

海涛是聪明的，面对领导喋喋不休的唠叨，他并没有用语言直接拒绝，而是巧施妙计，用发短信、看手表、打电话等方法，让领导自己发现问题，自己提出结束谈话。这样做，不仅没有得罪领导，还让领导充满感激，可谓一举两得。

这就是非口头语言的魅力。当然，在与领导沟通的时候，不仅能避免冲突，还能传达真诚，比如传神的眼光、奋笔疾书记录谈话内容、紧锁眉头式的思考等。

那么，我们在运用这些非口头语言的时候，该注意哪些呢？

1. 不要忘记回应你的领导

沟通是双方的，即使你运用非口头语言，也不要让你的领导感觉自己在唱独角戏。有时候，一个眼神，一次掌声，甚至一次点头示意，都能传达出你对领导言谈的感受。

2. 了解一些基本的肢体语言的含义

手势：柔和的手势表示友好、商量，强硬的手势则意味着：“我是对的，你必须听我的”。

脸部表情：微笑表示友善礼貌，皱眉表示怀疑和不满。

眼神：盯着看意味着不礼貌，但也可能表示兴趣，寻求支持。

姿态：双臂环抱表示防御，开会时独坐一隅意味着傲慢或不感兴趣。

3. 注意非口头语言的正确表达

范例中海涛的做法就是值得效仿的，假如他在假装打电话的时候说“领

导还不让我走”，那么效果就大大不同了，可能领导会结束谈话，但是对他的印象也会大打折扣。

我们说，沟通的模式有口头语言和非口头语言两种，语言沟通信息更便捷，非口头体语言则在人与人之间的思想和情感交流上更有优势，把握好非口头语言的沟通方法，沟通将会更有效。

只听不传，不做长舌妇

身处职场的人恐怕都知道，口风紧、不四处散发小道消息、不惹是生非的人才能明哲保身，而能掌握领导秘密并能守口如瓶的人，恐怕就是领导的心腹了。

作为下属，领导把秘密透露给我们，必然认为你值得信任，而我们就不能辜负这种信任。当然，难免会有好事分子主动询问领导的隐私等，最好的方法就是“不听、不问、不参与”，保持微笑、借口忙碌，或者假借接电话拉开距离，都是不着痕迹的暗示。远离是非后，领导自然能了解你的品质，会更加信任你。但就是有这样一些下属，手握领导的秘密，在公共场合，以此秘密邀宠，结果让领导陷入尴尬境地，他也与领导结下了仇怨。

于是，当领导与我们交谈的时候，不会畅所欲言，害怕自己不小心透露的秘密被泄露出去。因此，为了消除领导的疑虑，我们不妨给领导吃颗定心丸，告诉领导，你会为他保守谈话的秘密。

职场范例：

小杨和小苏同是某市文化部门的科长，文章自然写得不错，也都出过几本书，上级领导也比较重视，可是有件事，却让两人的仕途发生了截然不同的变化。

有一次，副部长先找到了小杨，和他商量他自己的那本新书的事情，小杨提出了很多见解，并答应执笔帮忙修改，末了，他突然想起署名的问题，他要求也署上自己的名，虽然自己不求什么名声，但这样才公平。领导一听，要是自己不让署名的话，他岂不是要让全世界的人都知道？于是，没再让小杨管这事，小杨百思不得其解。

副部长又找到小苏。小苏深谙官场沟通的密码，谈及这个问题的时候，他就声明："领导，您放心，这本书我会按照您的思路，根据您的谈话记录整理出来。我知道您工作忙，我整理好了给您审阅！"副部长一听，还是小苏知道轻重。

果然，后来，小苏升到了处长的职位，而小杨还不明白个中缘由。

分析：

小杨和小苏在仕途有不同的命运，主要还是他们在跟领导交流的时候，采取了不同的回应方式，小杨做事不懂得变通，要求署名，领导爱面子，自然不乐意。而小苏却很聪明，知道领导心中的忧虑，主动表明自己的立场，领导自然放心，不用担忧其他人知道自己非原作者。可见，真正的知己不是帮助领导做坏事、投其所好、弄虚作假，知己更多是建立在精神层面的共鸣。

一个精明的英国人曾经说过："一个人在世界上可以有许多事业，只要他愿意让别人替他受赏。"为了获得领导的信任，你有时候不妨牺牲一下自己，把原本属于自己的荣誉让给领导并为之保守秘密。你会发现，这对于搞好你与领导之间的关系十分有帮助。

从范例中，我们可以明白，和上司交流，首先就是要让上司信任你，才能畅所欲言，交流过程才更有效果，那么，我们该怎样做呢？

1. 在交流前打消领导的疑虑

其实，不仅仅是上司和下属之间交流，人与人交流皆是如此，谁都希望

与自己说话的人值得信任，不会向他人透露说话的内容，这样，交谈起来才不会瞻前顾后。

作为下属，我们要做的就是在交谈开始前就让领导信任我们，我们可以告诉领导："您放心，我保证今天的谈话不会再有第三个人知道"，"我知道事情的重要性，会严守秘密"等。这样，领导也就可以放心打开话匣子了。

2. 说话沉稳，不紧不慢

一个人说话的态度也能反映他的品质和性格等，说话不着边际的人一般不值得信任。我们在与领导交谈的时候要多听，然后沉稳问答，这样能很快提高我们在领导心中的信任度。

3. 认真倾听

听得认真，更能表明你重视的态度，当然，认真的倾听，并不是目不转睛、纹丝不动地听领导说话，还应该适当地提问，这样才能证明你听进去了，同时，提问也能活跃交谈的气氛。

不轻易打断领导的话

作为一个人，我们都希望得到别人的认同和肯定，也就有了一定的表达欲。而作为有一定权力的领导，这种表现和表达的欲望就更为强烈，他们希望被人尊重，希望被人崇拜。这就告诉我们，在与领导沟通的时候，一定要注意倾听，千万别打断领导说话，满足了他的表达欲望，自然能赢得领导的好感，沟通的目的也就达到了。

其实，我们与领导沟通，最终还是为了获得和领导情感上的共鸣，让领导对你有一种认同感。认真倾听领导说话，不仅能把握领导说话的要旨，在执行工作的时候有章可循，还能让领导感受到被尊重。要知道，你在领导心中的形象尤为重要，因为无论是从开阔思路的角度考虑，还是从更实在地站稳位置的方面着想，“让在任的领导喜欢你”都是很重要的事。

职场范例：

马志是一家知名杂志社的编辑，正儿八经的工作能力没多少，倒是很会拍马屁，只要是个领导，他见着了都点头哈腰的，这一点，单位很多人都看不惯。

这不，有一天，马志早上来单位上班，远远地，他看见主编走在前面，便一个箭步追上去，和主编搭起话来。刚好手上有刚买的早餐，就说：“李主编，这是我一大早在早餐店排队买的，还是热的，您趁热吃吧。”主编一看这人这么热情，也就欣然接受了。为避免尴尬，主编也就和他说起话来。

马志为能和主编有这么近距离的聊天暗喜了很久。上午10点的时候，编辑部临时决定开个会议，进行一下工作总结，全体人员必须参加。马志想，主编在会上肯定会夸奖自己。

“近些日子来，编辑部有些同志的表现很好，这些同志是……”居然没有马志的名字，马志认为，肯定是主编还不知道自己的名字，于是，他大声地说：“我叫马志。”主编觉得莫名其妙，他突然想起早上早餐的事情，原来这个人这么不知轻重。

“下面我宣布一下这次被分到西部采风的名单……”末了，主编加上了一句：“对了，那个马志，我看你沟通能力很好，跟西部的那些居民应该能和睦相处，你也去吧。”马志一听，暗暗叫苦，真是自作孽，西部可不是去享福的地儿。

分析：

范例中的马志，可以说，是偷鸡不成蚀把米，赔了夫人又折兵，原想让领导夸赞自己一番，于是提醒了一下领导，结果招致领导的反感，把自己打入了“冷宫”。

其实，现实工作中这样的人大有人在，为了多得点好处，想升官、提高待遇，其实自己也不见得有什么真才实学，就是总在领导眼前“晃悠”。但我们从马志那儿得到一个教训，无论怎样，不要打断领导说话，即使提醒领导，也不要当着众人的面，你这样做可能会让领导颜面尽失，有些领导便会不动声色地给你穿小鞋。

那么，我们在满足领导表达欲、倾听领导说话的时候，应该注意哪些呢？

首先，善于倾听、提高自己听的能力。

会听的人并不仅仅只是竖起耳朵听，而是用心去听，把事情的条理听清楚，把细枝末节都听明白，这样才能明白对方想表达什么。在沟通时，只有把领导的话听懂、听透、想明白，把自己想说的意思理清、说好，才能真正达到交流的目的。

其次，要做好准备，及时予以反馈。

准备工作要在领导表达的时候做，而反馈则要等到领导表达完方可开始。

在日常工作中，我们可能遇到过这样的现象：领导左叮咛右嘱咐，希望下属可以完成自己布置的任务，而作为下属的我们，当把工作成果交给领导时，却与领导原本的意愿背道而驰，究其原因，就是沟通上出现了问题，作为下属的我们，对领导的表达并没有理解到位。事实上，这种沟通问题通过有效的方法是完全可以避免的。管理者在与下属沟通问题时，在沟通结束后，如果我们对领导说的话能简要进行复述的话，就能做到，顺便在结尾加上一句话：“是这样的吗？”这是有效避免理解错误的好方法。

最后，要不断提高自己的素质，增加领导的认同感，搭建与领导交流的平台。

领导在与下级交往时，总希望下级在考虑问题时站的角度高一些，下属站的角度高一些才会有更多的共同语言，同时，下属能够理解、领会领导的意图，也有利于沟通。如果我们能提升自己的素质，增加领导对我们的认同感，那么，我们本身就具备了一些吸引力，这样领导与你交流时，才能感觉有价值，从而愿意增加交流。如果出现信息不对称，即“对牛弹琴”的现象，那么领导必然会失去与你交谈的兴趣。

听出领导话中的真意

中华文化博大精深，语言文字更是缥缈如烟，无论是日常工作还是生活中，有时人们所表达出的语言并不是其内心的真实所想，但是细心的人往往能听出弦外之音，这就是人们常说的“话外音”。人们借“话外音”进行幽默调侃、讽刺发泄、批评鼓励、摸底打探……而作为日常生活的一部分，职场生活也不能免俗，在与领导的沟通中，这种现象自然也会存在。

有职场调查资料显示，在被问及你经常遭遇哪类人的“话外音”时，有60%的职场人选择了“同事”选项，而选择经常遭遇“老板话外音”的人也超过三成，达到32.1%，遭遇“客户话外音”的比例最低，为7.9%。

身处职场，当你在倾听领导说话的时候，如果不能听出领导的“话外音”，便不能领会或错误理解领导带有隐含意思的语言，轻则会把领导的鼓励当作批评，把领导的嘲讽当作“补药”，重则会把错的事认为是对的，对的事反认为是错误的，从而直接影响你对事物或人的判断。

职场范例1：

罗伊是一名市场策划，但他所在的公司是一家小型企业，公司的员工常常要身兼数职。工作一年多来，很少有准时下班的时候。

今年年初，老板找他单独谈了一次话，起初他先把公司未来几年的发展

和规划描绘了一下，还把一些预算和公司赢利都和罗伊透了底。而后，又把罗伊大大地表扬了一番，罗伊还以为涨薪的日子来临了。可是，整个谈话结束也没有出现这样的“苗头”，最后老板只是抛了句：“小罗啊，公司不会亏待你的，要好好努力哦。”当时，罗伊心中喜忧参半，虽然目前加薪还没落实，但总算还有盼头，说不定再过段时日升职也不是没可能。

就这样，他又拼命干了大半年，直到觉察到老板对那些因不堪工作重负而跳槽员工的态度，他顿时觉悟了，他那句话的真正意思是：“你们这些人都是靠公司培养的，已经待你们不薄了！”而资历还浅的罗伊，对这一切只能选择默默承受，再也没有工作的激情了。

职场范例2：

李波是一名技术顾问，当时是经朋友介绍进了现在这家公司，和现在的老板私交甚好。

有一次，老板特意安排李波和他一起去美国出差。但当时想与老板同去的人很多，一时间这件事被大家谈论得很热烈。考虑到影响的问题，老板当着大伙的面先问了李波一句：“小李，你的英语很不错吧？”可能当时也没考虑太多，李波老老实实地回了句：“我的英语很差啊。”话刚从嘴里溜出，李波身边的同事便举手自荐，忙说自己英语还不错。忽然间，李波就觉得自己做了件傻事儿：“老板只是给你一个去的机会，只管点头不就好了，这下只有把机会拱手相让的份儿了。”

果不其然，那位自荐的同事顺利去了美国公干，而李波知道，当时在场的几个人英语都不咋地。

分析：

案例中的两个下属都听错了领导的“话外音”，会错了领导的意。要不空欢喜一场，要不让机会白白溜走。

其实，职场“话外音”很多，但领导的“话外音”一定要仔细听。一般情况下，领导高高在上，与下属接触的机会不多，很多下属就以为领导高深莫测。其实，正因为领导是领导，他们说话往往离不开工作，比如，加薪、升降职、成绩考核或者裁员、招新等，从这些方面倾听领导的“话外音”，会更容易把握主题。

可以说又不明说，暗藏潜台词，这是领导说话的常见方式，也正表明了一个领导的说话水平，当然，“话外音”并不一定是恶意的。做个有心人，懂得察言观色可能会事半功倍。这就要求我们在与领导沟通的时候，认真倾听，把握领导话语间一词一句的真实含义，这才让听懂“话外音”有迹可寻。

比如，我们可以总结一下，当领导说你“善于社交”时，意味着他知道你“能喝”；当他说你“进取向上”时，可能意味着你“常请大家吃饭”；说你“观察能力强”时，可能意味着你“经常打小报告”……这些“话外音”，有些是忠告，有些是调侃，有些是寻求帮忙等，而这，都需要我们会听。

想要听出领导的“话外音”，我们就要做到：

1. 善于观察，听语气

领导说话时候的语气，会使其意图暴露无遗。如果是鄙夷的语气，那么，很可能是领导看不起你；如果说话中肯，则是肯定你；如果带有疑问的语气，可能是在征求你的意见……把握这些，便能更好地把握“话外音”。

2. 镇定自若，始终保持良好的态度

其实，不管领导对你说了什么，你都需要镇定自若，因为很多时候，领导只是试探你，以此来考察你的心理素质和文化素质以及综合素养等，这一点，往往是领导在考核一个员工时会出现。而你良好的态度无疑会让领导肯定你。

3. 总结经验

一个有经验的职场人士，会把每一次听出的“话外音”总结起来，长此以

往，听得懂领导的“话外音”将成为一种本能与习惯。有句话说得好：“吃一堑，长一智”，身处职场，多留个“心眼儿”总是好的，我们可能做不到每次都能听懂领导的言外之意，但我们要善于总结和分析。当然，这并不是要我们去猜忌，因为“话外音”也并非都是恶意的，细心的领导者、职场前辈会利用“话外音”达到指导却又不“伤害”对方的完美的效果。另外，话外音也并非只是语言上的，一个眼神、一个表情都可以达到传神达意的效果。

总之，“听”职场“话外音”，是对自己职场情商高低的一次小测试，具备这一本领，会让我们在职场中游刃有余。

第3章

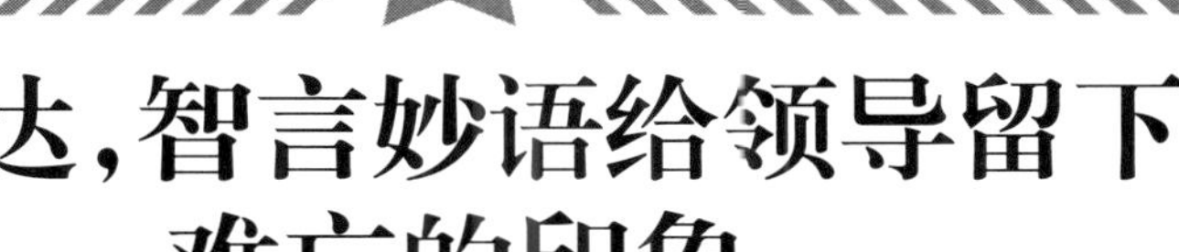

会表达，智言妙语给领导留下难忘的印象

当今职场，一个人升迁机会的大小并不一定和他的工作能力成正比。拼搏在职场中，也许你总能出色地完成工作任务，但每当你盼望着评优、加薪、升职时，这些好事却总是离你远去，你是否考虑过是你的沟通能力不足导致的？在说话能力里，和领导沟通的能力是重中之重。切记，要想前程更加美好，学会和领导说话的能力必不可少！

表达力强，更容易受到领导器重

当今社会，判断一个人的能力如何，已经不仅仅局限于做的能力，还有说的能力，也就是一个人的表达能力。有人说，干得好不如说得好，虽然这句话有失偏颇，但是也有一定的道理。身处职场，如果你兼备做事的能力和说话的能力，你肯定能在实力相当的同事中脱颖而出，受到领导的提携和重用。

在日常工作中，我们难免要与领导接触和交流，我们的职场命运也掌握在领导手里，于是，在说话能力里，和领导沟通的能力显得尤为重要。

职场范例：

王永是个规规矩矩的人，在公司从来不惹事，同事之间的关系也处理得很好，因为他凡事都替别人着想，被人称为“便利贴”，大家有什么事，在他的座位上贴个纸条就行了。

虽然和同事关系好，可是王永却总是很害怕和经理交流，可能是出于一种敬畏之心，平时见到领导，他总是躲躲闪闪的。其实，总经理对他印象一直很好，还准备提拔他，但那次事情以后，经理认为他缺乏大将风范。

有一次，王永在上班等电梯时遇到了总经理。由于电梯中只有他们两人，简单问候后，王永便陷入沉默之中，不知道该说什么才好，脑子里紧张地思考着话题。同时，他发现总经理也很尴尬，正盯着电梯显示器上变化着的数字，像读秒一样。好不容易熬到了电梯停在办公室所在的楼层，这时，王永才记起该向总经理简要地汇报一下南部地区的销售计划。但是，时间已经不够了，所以王永决定一会儿去找总经理汇报工作。

来到总经理办公室准备汇报时，王永发现自己本来想好的内容，由于紧张，反而东说一句，西说一句，啰啰唆唆，令总经理听得很不耐烦。于是，总经理手一挥说："你想好了再来吧。"王永只好一脸沮丧地退了出来。

而总经理心里原本提拔他的想法也彻底打消了。

分析：

职场中，有很多和王永一样的人，工作表现突出，但是害怕或者对和领导的交流没有引起足够的重视，缺乏一定的沟通能力，即使领导有心提拔你，也会因你差强人意的表现而放弃。

而做事能力差不多的两个人，如果他在语言表达能力上略胜一筹的话，升迁的机会就会大很多。

有调查显示，有65%以上的员工因为语言能力问题而迟迟得不到升迁，有的员工即使因为业务能力强而暂时得到升迁，但继续升迁却困难很大，究其原因就是语言表达能力不过关。

那么，我们在与领导交流的时候，该怎么样才能给领导留下一个好印象呢？

1. 做好定位，严谨对待

与领导说话，首先要准确把握双方关系，在心理上做好定位，你要明白，对方是领导，你是下属，说话既不可妄自菲薄，又要充分表现出对他的尊重和恭敬。这是对双方关系的确认和定位，也是对领导的一种尊重愿望的满足，必须严谨有致。

小许是文化部门的一位文员，他很得领导的赏识。这位领导是教师出身，人也平易近人。他很欣赏小许的才华，喜欢找小许聊天。小许在领导面前并没有因此而得意忘形，忘乎所以，言谈举止都严谨适宜，很有分寸，注重距离。领导性情开朗，虽多次表示要小许随意些，但还是对小许的举动发自

内心的高兴，他觉得自己没有看错人。就这样，小许与那位领导逐步建立了深厚的友情。

2. 不卑不亢，切忌虚假奉承

在与领导交谈的时候，尊重领导也是要讲究一定原则的，如果不顾原则，另有目的，对领导表现出阿谀奉承，甚至不顾降低自己的人格，这表面上似是尊重对方，其实它与尊重的本质是不同的。阿谀奉承、虚情假意、夸大其词、别有用心，公正严明的领导会对此嗤之以鼻，往往还会引起领导的反感、嫌恶、痛恨。

3. 保持本色，不失方寸

领导无论在职位上还是阅历、学识上，一般情况下都会高我们一筹。与他们交往时，常令作为下属的我们肃然起敬，甚至有时领导的威严还会让我们有种压抑感。在这种情况下，我们往往会显得动作拘谨，言语嗫嚅，特别别扭、生硬。其实领导也是我们平等的交际对象，与我们是一种自然的交往关系，我们一方面要尊重彼此，另一方面也要立足于自己，守住方寸，保持本色，自然而正常地交往，不必过于拘束。

4. 甘做绿叶，巧配红花

在与领导交流的过程中，我们要明白，领导是说话的主角，而我们则是配角，处于次要地位。如不能摆正这层关系，不恰当地显示自己的能耐，显示自己的才华，以至于蔑视领导，往往会适得其反。

5. 主动真诚，做出姿态

领导毕竟是领导，我们不要奢望领导主动与我们交流。作为下属，我们的职位比他们低，自然要主动积极，充满真诚，先迈出一步，做出友好的姿态，这是尊长敬上的美德。

6. 积极求助，接受呵护

领导往往比我们更有能力和阅历，在他面前，我们显得很弱小稚嫩，所以要接受并求得“呵护”。作为领导，他也会从中获得施予和扶持之乐，是一种自我价值的实现。在日常工作中，当我们遇到问题的时候，要积极请教与寻求帮助，这样，领导内心就会涌现出一种被信任感。但寻求“呵护”一要尊重领导的愿望，二要适度得当，不可仰仗、依附于领导。

站在什么位置说什么话

在多元化的今天，具备良好的沟通能力，已经是衡量一个人才的重要标准，身处职场，看清自己的身份，找准自己的位置，说自己该说的话也是我们必须做的功课之一。当我们与领导沟通的时候，一定也要注意自己的表达方式，不要因为你的领导温柔随和或者年纪相当，就任意妄为，说话毫无顾忌，你要知道，无论什么样的领导，都希望被尊重，内心都有一种强烈的自我意识——我是领导，我需要别人的尊重。

好口才造就好前程，如果你在谈话的时候，能让领导获得一种心灵上的满足感，在日常的工作中，领导对你也一般都会给予较多的关照。而相反，如果下属在说话的时候没大没小，让领导下不来台，丢了面子，那么这个下属迟早会出问题，毕竟，不是每一个领导都是有气度和胸怀的。

职场范例：

陈宇运气很好，大学毕业后，当大家都愁着无处就业的时候，她就在一家规模中等的文化公司找到了工作，虽然薪水不是很高，但是相对于她的资历来说，她已经很满意了。

她的工作很轻松，就是最简单的一些办公室文秘的工作，比如收发文件、翻译资料等。每天都不是很忙，但是因为她刚毕业，又没有什么工作经

验，她觉得自己能找到这样的工作真是运气好，而且公司的发展潜力很大，上司脾气也很好，员工之间相处得也很融洽，她倒是很希望自己能长期在公司做下去。

可是，那天上司突然找她谈话，他说："我们公司的情况你知道，不是能解决户口的单位，我们就没办法给你交'三险一金'，但因为我们又是注册公司，如果不给你交'三险一金'，我们就违反了国家的规定。所以……"陈宇听了也不知道该如何是好，只是傻傻地看着上司，问："您想怎么处理？"

上司叹了口气说："说实话，我对你的表现非常满意，但是我现在实在没有办法。所以，如果我们能在市内找到像你这样的人的话，我们可能要选用本市的人了。"

陈宇听完这些话后，心里很难受，她不知道自己还能不能找到这样称心如意的工作了，其次，这里的人都很好，相处久了，她也舍不得了。她难过地说："我尊重您的决定，虽然我很喜欢这里。可是，我希望您能再考虑一下，考虑一下我以前的表现，这么做对我有点不公平。"陈宇已经忍不住了，就没有再说下去，出门前她向上司鞠了个躬，并轻轻地把门带上。

第二天，上司找她谈话，他对陈宇说："我专门去相关部门打听了一下，你还是可以留在我们这里上班的，但是你需要到派出所办理个暂住证！"陈宇听完，开心地笑了。

分析：

范例中陈宇的做法就是正确的，即使领导找你谈话，是要辞退你，你的心情不好，也不要忘记对方是领导，需要你的尊重。你在职一天，就是下属，就不能说越位的话。人心都是肉长的，你的尊重会使上司对你产生好感。

那么，身处职场，哪些话我们一般不能对领导说呢？一般情况下，以下几种话不能说：

1. 这工作你找别人吧，我干不了

当领导听完这话后，会认为你要么没有能力胜任，要么不愿意接受，借口推托。当他把工作转手给别人做的时候，也会对你产生意见。即使你无法胜任，你也要解释一下，比如，你可以这样说："我担心没有足够的时间，因为手头还有其他工作，但这件事我非常想完成，真是抱歉！"

2. 这事跟我没关系，我的那部分已经完成了

这明显是一句不负责任的话，会让领导觉得你这个人没有团队的合作意识。但是你可以换种说法："我那部分已经做完了，我可以帮助别的同事完成他们的部分。"这样听起来，就舒服多了。

3. 我以前的领导和我关系不好

这句话无疑是在向领导宣战："我可不是好惹的。"而且，领导会以为你是一个不好相处的人，可能会有这种想法：你现在对我恭恭敬敬，可一旦离开以后，也会说我的坏话。因此尽量不要和现在的领导谈及自己以前的领导，即使以前的领导真的很糟糕。因为这样的沟通既没有用处，也没什么好处。

与领导沟通摒弃不良说话习惯

当我们踏入职场，我们努力拼搏，总是能出色地完成任务，为此，我们引以为豪，我们以为只要努力，就会有收获，我们满怀希望地等待着加薪、升职等荣誉的到来，可是似乎这些都与我们无缘，我们百思不得其解。我们是否该回过头来想一想，我们除了在工作上尽心尽职外，在与领导的沟通上是否也能做到完美呢？你是否为了某些问题顶撞过领导？有没有在其他同事面前夸下过海口，说自己可以"功高盖主"呢？

细想这些后,恐怕你就能明白一二了。其实,不管你说过什么,会只增不减地传到领导的耳朵里,可能有时候你是无心之失,甚至是一种说话习惯,可最终吃亏的只能是你自己,所以,为了你的前程着想,一定要注意你说话的方式,别让那些不良的语言习惯毁了你的前程。

职场范例:

刘宏大学毕业后就在一家合资企业做销售,四五年,已经做到了销售主管的位置。公司销售部经理即将调离,这个位置就将空缺。公司高层发现了刘宏这棵苗子,可是刘宏原来的顶头上司,也就是即将调离的销售部经理却迟疑了,因为刘宏这个人虽然办事能力、工作能力都很强,可是却管不住自己的嘴,也缺乏一种沉稳的气质。他的领导为什么会对他有这样的印象呢?原来事情是这样的:

有一天,下班后,刘宏和几个同事还在办公室加班,他们以为办公室其他人都走了,就随便聊开了。

“刘哥,听说,王总要离开了,是吗?”

“老王这家伙干经理也已经十多年了,是他下台的时候了。”

“是啊,下台了还不是刘哥你当经理?”

“那当然了,我这些年为公司挣了多少钱?早该升我当经理了。”刘宏说话从来都是口不择言,似乎在销售行业这些年,他的这些毛病也没有改掉。可是,当他说这些话的时候,王总正在办公室外面,他正巧忘拿手机了,而这些话也都被王总尽收耳底了。

果然,第二天,刘宏从客户那儿谈完业务回来,正准备喝口茶歇歇,这时,经理秘书急匆匆跑过来,对刘宏说:“刘主管,经理他正满世界找你呢,他在办公室等着呢,你说话小心点。”听完秘书的话,刘宏丈二和尚摸不着头脑,但他还是走进了办公室。果然,王总开始挑刘宏的毛病了,其实,这些不过是一些工作上无伤大雅的小问题而已。而在最终的经理职位的人选上，刘宏还是因为没有得到经理的推荐而与经理一职失之交臂。

分析：

刘宏本来已是领导心中的接班人了，可最终不但没晋升，反倒丢了工作，真是让人惋惜。这主要是因为他在领导背后不注意自己的说话方式，在让自己的修养荡然无存的同时，还诋毁了领导。要知道，任何一个领导，即使他的下属能力再强，一旦他对自己不尊重，是不会让其升职、加薪的。可见，不良的语言习惯会损害表达效果而且降低个人职业形象，并关乎个人的职场命运。

所以，工作中，不管是与领导说话，还是在领导背后，我们一定要注意自己的说话习惯，而说话习惯不是一蹴而就的，工作中，我们要想有个好的职业前景，一定要努力提高自己的说话修养，改正不良的说话习惯。这要求我们做到：

1. 拒绝不雅用语

现代职场的年轻人，大多混迹于职场和社会流俗之间，很多时候，一不小心就会把一些流里流气的话带到公司，这是万万要不得的，尤其在与领导交谈的时候，更不要说，这会显得你个人修养素质很差。

2. 控制自己的情绪

谁没有犯错的时候，领导也是人，而不是神，即使工作中，你真的发现了领导的一些令你无法忍受的作为，也不能用偏激的语言和他争执，你要记住，领导始终是领导。

3. 理解你的领导

谁都难免会有情绪不好的时候，领导也不例外，领导并不总是扮演领导的角色，生活、情感上的事情也可能会使得他心情不好，你要理解领导，上级

不能是你发泄的对象，当领导情绪不好的时候，你要做的就是倾听，此时，你最好能心平气和地听领导把话说完，等他消完气后再解释，他会更容易接受。

认清敏感“雷区”，沟通不提“软肋”

我们知道，每个人都有自己不愿被人提及的地方，也就是我们的“软肋”，这些“软肋”，可能是我们的生理缺陷，可能是我们的生活隐私等。每个人的“软肋”不同，但每个人都有不愿意被人提及或者拿来开玩笑的地方，领导当然也有。

可以说，领导的“软肋”和缺点是我们说话的“雷区”，千万不可提及，无论你是有心还是无意，也无论是你采用什么方式，严肃还是玩笑，只要你提及，吃亏的还是你自己。

职场范例：

张丰是个很讨人喜欢的人，在办公室的人缘关系很好，但就是有个缺点，八卦得很，无论什么领导的隐私，他都能挖出来，大家都说他可以改行加入狗仔队了。这还不算，一有闲暇时间，他就会将这些八卦新闻拿出来和同事分享一下。其他部门的一些领导早就对他恨之入骨了。

有一天，张丰又管不住自己的嘴了，开始在办公室谈起了自己的领导，大家都劝他别说了，领导就在隔壁房间，他倒好，照样肆无忌惮地说起来，大家见他起了个头，也开始聊起来。他们今天聊的话题是“领导为什么几十年还在这个位子上”，对于这个问题，张丰的结论是：领导是董事长夫人的初恋男友。大家听到这一消息，都震惊了。

张丰说：“你别看他一时还蛮得意，到哪天公司裁员的时候，第一个辞退的就是他！为啥？难道要等他和董事长夫人旧情复燃？”

张丰以为同事会爆笑，但是却没有，他看了看周围，发现大家都在埋头干活。这时，他还没有发现领导正站在他的身后，还在说：“你们还别不信，这可是我听到的最确切的消息。”张丰说得激动，手一挥正好打在领导身上，一转头，领导正怒气冲冲地看着他。张丰忙说：“对不起！”余下就不知道该说什么了，他以为领导会骂自己。

领导不动声色地宣布：“我是来向大家宣布一个消息的：刚才总经理开会时说我们要在两个月内裁员两名，我一直在想，我们大家都挺努力的，裁谁好呢？我看就裁那些一天无所事事的吧，毕竟，公司不能拿闲钱去养那些没有能力、只会磨嘴皮子的人。”张丰发现大家的目光竟然都一起对准了他，他什么话也说不出来了。很快，张丰就被辞退了，他悔不当初。笑料背后，吃亏的还是自己。

分析：

的确，这时他才明白，不管在哪里，攻击领导的“软肋”，谈论领导的缺点，都是致命的错误。一个好员工，是不会在办公室搬弄是非，以博取大家的笑声的。

正所谓“静坐常思己过，闲谈莫论人非”，尽职尽责，做好自己的本职工作，才能避免一些职场的是是非非。要知道，言多必失，尤其是有关领导的是是非非，更不要参与，因为即使你不是直接当着领导的面说，也会口耳相传传到领导的耳朵里，这就是为什么很多人得罪了领导还不知其所以然了。

对于此，我们应该注意以下几点：

1. 谨慎言辞

“言多必失”，话说太多总是危险的，确实会很容易给自己招惹上麻烦，因为有时候，即使你无意中的一句话，可能就击中别人的“软肋”，揭了别人

的“疮疤”，尤其是在公共场合，这会让对方失了面子和尊严，而对方也会对你产生恨意。如果对方是你的普通同事，后果还不是太严重，如果对方是你的领导，你今后就要小心了。

珍妮是个事业上的女强人，但30岁还没对象。一次，她到市场部指导工作，中午她邀请办事处的所有同事一起吃饭。席间，大家谈起刚刚离职的副总杨丽。入职不久的莉莉说杨丽脾气不好，很难相处。珍妮就问是不是她的工作压力太大了？莉莉说：“我看不是，30多岁的女人了还没结婚，甚至连个男朋友都没有，肯定是心理变态！”

此话一出，刚才还争相发言的人都闭上了嘴巴。原来，除了莉莉，其余在座的员工都知道，珍妮也是待字闺中的老姑娘。

事后，莉莉追悔莫及，得罪了珍妮这个女强人，她以后的日子可不好过了。

2. 说话时不带任何褒贬以及评价色彩

无论是汇报工作，还是和领导交谈，或是与同事谈到领导，尽量不带个人主观色彩，这是规避领导“软肋”的最好方法，不能避免谈及，就尽量不要发表意见。

3. 交谈多以工作为中心

和领导交谈，多以工作为中心，可以表示你的尽忠职守，又可有效规避一些不应谈及的问题，当然，如果领导主动提出和你谈一些个人私事，倒无伤大雅，说明他信任你。

不要顶撞领导，勿犯职场大忌

职场中，除了工作外，还难免要与人打交道。职场中人多嘴杂，你与领导之间也容易发生一些误会。你是否遇到过这样的事情:你正好遇到了上司在你背后说你的坏话?他丝毫不顾及你的面子,在众人面前将你说得一无是处?恐怕这时候,你除了伤心和难过之外,更多的是气愤,甚至有冲动想顶撞他。

当你有这种想法的时候,一定要想办法让自己冷静下来,千万不要顶撞领导,因为不管你能否争辩过他,最终吃亏的都是你。顶撞领导,乃是职场大忌,除非你想另谋高就,如果你还想在你的职位上好好发挥自己的价值,你最好暂时忍一下,忍一时风平浪静。把握住机会后,再寻找时机与上司沟通。

职场范例:

小荣已经毕业六年了,从刚毕业的时候,她就一直开始在这家公司的客服部门工作,功夫不负有心人,几年的努力换来了一个主管的职位。正因为她是从大学毕业后踏上社会,她一直是一个人打拼,没有人帮助她,所以,她对那些新来的职员都特别好,能帮上忙的她都义不容辞。

就在小荣当上主管不久,客服部来了一个新手,她是个很单纯的女孩,刚好还是和小荣一个大学毕业的。而且,那女生很听话,办事能力也很强,无论是小荣交代的还是没交代的,她都能做得很好,有不懂的,也不厌其烦地问,小荣仿佛看到了当年的自己,她把那女孩当成亲妹妹一样照顾。由于小荣的力荐,上司对女孩的表现也很满意。可是小荣没想到的是,这女孩居然以怨报德,出卖了她。事情是这样的:

经过几个月的相处,小荣和女孩已是无话不说,那时候直接领导小荣的还有一个上司,这个上司为人和能力都很差,小荣对他也早有腹诽,当然,这些心事和想法,小荣都对那女孩和盘托出了。

有一段时间,公司客服部频频接到投诉电话,为了解决这一问题,小荣

作为主管，制订了新的客服计划，本来在会议上都已经通过了，但是第二天她的上司却通知她计划取消了。当时，小荣很生气，当着全体员工的面通过的事情，怎么说取消就取消呢？她很想向上司发火，说几句发泄的话。不过几年的功夫毕竟没白练，她还是忍住了，她敲开了上司的门，走了进去，很耐心地问："我想知道原因？我觉得这个方案真的不错！"

上司看了她一眼："你是不是翅膀硬了，觉得自己能力已经在我之上了？"小荣一愣，想起了前天对那个女孩说的话。根据她多年的经验，她意识到是自己被出卖了！于是她稳住了自己说："每个人都有自己的特点，在策划上您可能没有我强，但是在管理上，我却没有您有能力！这就是为什么您是领导，我是下属。"这话领导听了，还挺受用。领寻看了小荣一眼，叮嘱她说："你不要光顾着工作，要小心身边的人。"

小荣是个聪明人，当然明白上司这话是什么意思，但是关于那个女孩，她并没有怪罪于她，她觉得这个女孩还是不聪明，回为她很快就识破了女孩两面讨好的用心。

分析：

范例中主管小荣受到领导的批评就是由于其他人挑拨离间。当领导发脾气的时候，幸亏小荣能压住怒火，没有爆发，而是在事后寻找原因，否则小荣就中了同事的离间计。

其实，在职场中，这类事情早已屡见不鲜，一些上司或同事可能会出于个人的利益或其他目的而伤害你。上司的正常批评和指责，有时可能不够客观，但你还是应该接受。但如果是被他人陷害的，可能你就会觉得委屈而无法接受了！但不管受到什么批评和指责，你都不要顶撞你的上司，你应该明白，顶撞是没有用的，反倒是自掘坟墓。你要做的是，事情发生后，自己努力去调和！而即使上司是出于恶意而中伤你，你也要泰然处之，不要畏惧流言和成见，因为假的真不了，真的假不了。

那么，面对这种情况，具体说来，我们该怎么处理呢？

1. 放低姿态

领导批评你，本来可能就是因为你在日常处事中姿态过高，导致一些同事的嫉妒或者看不顺眼，在和领导沟通的时候，不管因为什么而发生了误会，只要你肯放低姿态，领导心中的怒火也都能熄灭，毕竟，出手不打笑脸人。

2. 缓和情绪

任何人遇到这类事，恐怕都有想冲撞领导的冲动，这是一个心理过渡期，只要我们权衡一下冲撞后的利弊得失，就能缓和情绪，理智面对。

3. 找出原因

这是处理这种情况的最后一步，处理得好，领导认为误解了你，还会对你加倍怜惜，对你的信任也会更加深一步；而处理不好，则会让领导厌烦。

但记住，不管是什么原因，不要把责任归于领导身上。毕竟，人性有自私的一面。

总之，面对即将与上司发生的顶撞，一定要克制住自己，最好能明白上司为何要这样对你，问题是不是出在自己身上。然后针对不同的情况灵活处理那些即将发生的顶撞！

话题围绕公司展开，以大局为重

细心的我们会发现，上司之所以能成为上司，主要还是因为他能为公司争取到利益。其实，他们走过的是和我们一样的历程，也是从一个员工开始，靠能力和业绩被提拔为领导和上司，他们和我们一样，也是公司的一员，也关心公司的利益，只不过他们充当了一个管理者的角色而已。

正因为公司的利益是我们永恒的话题，不仅我们自己关心，领导更关心。而当我们努力工作，为公司争得利益的时候，也证明了上司领导有方。所以，我们在与领导沟通的时候，话题应尽量围绕公司展开，这样，领导会认为你是一个尽职尽责、以大局为重的好员工，这样，你就无形中给领导留下了一个好印象。

职场范例：

高洋是一名业务员。和其他业务员一样，他的工作很辛苦，每天早出晚归，还要磨嘴皮子。其实，这倒没什么，最重要的是，他很讨厌看见自己的上司，那是一个什么能力都没有，只会发号施令的人。高洋认为，只不过领导的命比自己好一点，提前几年进了公司，就坐上了领导的位子，整天一副不可一世的样子，只会批评下属的工作做得不好，一旦真出现问题，他又推卸责任。

有一天，高洋和同事一起从外面跑业务回来，累得气喘吁吁，却看见上司正舒服地坐在那里喝茶。他心里本来就很不舒服，上司居然还慢吞吞地问："你们的业务做得如何？"高洋一听，心里更是气不打一处来，他在这里享清福，我们出去跑，跑成了也还有他的提成，凭什么呀？于是他没有好气地说："啥也没跑到！"上司一听，就来气了："啥也没跑到还这么神气？真不知道是干什么吃的！"

高洋当时真是很气愤，刚想发火，同事拉住了他，并对上司说："经理，我们虽然没有跑到什么客户，但积累了重要的经验，我们明天再跑一趟，就差不多了。我想我们这个月应该能出色地完成任务！"

上司白了高洋一眼："同是做业务的，你也跟人家学学！"

高洋真想说：同样是做领导的，你也不看看自己是怎么做的？但是看在同事为自己解围的面子上，没有说出来。

分析：

上司之所以能成为上司，肯定是有些能力是我们所不及的，高洋的做法明显不对，他只顾意气用事，也没考虑后果。和上司关系处理不好，于人于己，都不利。没有人是十全十美的，与其明争暗斗，弄得两败俱伤，不如努力与他愉快合作。而且，承认与上司的差距并不会让你颜面丢尽，凡事“小不忍，则乱大谋”。让他看到你所做的都是为了公司的利益，才能拉近你和上司的关系，一起为公司的利益同心协力。

那么，我们在与领导交谈的时候，该怎样表达自己对公司利益的关心呢？

1. 以公司利益为重心，兼顾领导的感受

以公司利益为核心，并不意味着说话的时候，可以抛开领导的感受高谈阔论。我们不能否认，有些员工在某些能力方面，确实比领导强，但是，即使如此，我们也不要表现出不可一世，不把领导放在眼里，而是应该给领导吃颗定心丸，告诉他，大家都是为公司利益而奋斗的，你希望可以成为领导最信任的下属，与此同时，你要付诸行动，发挥自己的特长，来帮助你的上司，上司在你的言行中逐渐体会到你的好处，就可能会把你当成自己必不可少的助手！

2. 用自己的实力协助领导

大家在一起工作，不管是上司还是下属，都是为公司服务的。所以，我们要本着这个原则去做事情。在工作上，要听从上司的安排，同时发挥自己的特长，并归功于领导。比如，假如你的上司很讨厌做每月一次的市场报告，你可以替他做，他会无意间产生依赖于你的感觉，时间长了，就会觉得你是他最好的助手。

其实，对于我们取得的每一个成绩，每个人都有功劳，不同的是我们取得的每个成绩都是在上司的领导下取得的！而我们自己需要做的，就是更

好地听从领导,并协助他做好工作,这就是我们最应该做的事情。

3. 表现出良好的心态

作为一名下属,应以公司利益为核心,尽量把上司看成是需要你协助完成某个群体任务的伙伴,这样才能摆正自己的心态,与上司和睦相处。

总之,作为员工和下属,不仅要会做,还要会说,你主动地、圆满地把工作完成,在与领导交谈的时候,还需要以公司为重心。只有这样,上司才能体会到你确实是以公司利益为核心的!

掌握几种有用句型,和领导沟通更顺畅

我们发现,那些职场达人,工作轻松自由,还集万千"宠爱"于一身,领导赏识,同事敬重,这恐怕是最佳的职场状态了。可是也有一些人,每天辛苦劳碌,却吃力不讨好,动不动就遭训斥,看着那些颇受器重、处处逢源的同事,他们似乎只能望洋兴叹。

那为什么会有如此迥异的职场命运呢?其实很简单,身处职场,除了努力工作,提高工作能力外,学会与人沟通同样很重要,让同事、领导认可你,才是你价值的真正体现,否则,在你为集体创造价值与利益的同时,你的价值却会被埋没。

职场沟通,其中一个很重要的部分莫过于与领导沟通,因为最终掌管我们升迁命运的还是领导,领导的认可从某种程度上来说,是我们通向一个个更高职场阶梯的通行证。这就要求,我们在与领导说话的时候,一定要有水准,对此,我们不妨掌握一些和领导交谈的极为有用的句型。千万不要小看这些句型,这些句型能使上司听起来很受用,上司也会觉得你有礼貌,处理事情有分寸,自然会对你另眼相看。

职场范例：

张龙毕业后就一直供职于一家快递公司，可谓是亲眼见证了公司的发展壮大，他也从小小的职员做到了经理助理一职，当然，他能步步高升，除了他努力工作外，还有一点就是他会说话，深得领导器重。有一件事就能体现这一点：

那时，他刚刚来报道，还是个实习生，因为那段时间马路都在施工，原先答应客户的快递要在24小时内送到就无法兑现，很多客户已经投诉到公司来了。很多老员工都不敢把这件事告诉经理，就让新来的张龙去。张龙知道这是一块烫手的山芋，办好了，自然同事们会对他刮目相看，但办不好，甚至可能就会被经理判“死刑”，有失去工作的危险，但他已经推托不了了，于是只好硬着头皮来请示。

当时，经理办公室并无其他人，但聪明的张龙没有推门而入。他站在办公室外面，想好了事情的前因后果，以及如何说才能让上司接受等，将这些都分析透彻后，他敲开了上司的门。

他微笑着对经理说：“我们似乎遇到了一些状况。”

经理笑着问：“哦？什么状况？”

张龙冷静地将情况分析给经理听，然后又耐心地解释：“我仔细看了我们公司的合同，这样的状况属于不可抗拒力，我们是不必承担责任的！但是我们的宗旨是为客户服务，所以我们应该给那个路段的所有客户发一封致歉信，让他们知道并不是我们故意的，我们一直是为他们尽最大努力服务的。”

经理点了点头，对张龙流露出赞许的目光。张龙如释重负，终于长松了一口气，而从那以后，经理对张龙这个人一直欣赏有加。

分析：

很明显，张龙使用的这句话“我们似乎遇到了一些状况”听来很有韵味。

他说出这句话后，领导肯定会主动问“什么状况”，这比我们开始就说出坏消息好得多，至少在心理上，领导已有了个缓冲的过程，不至于一时无法接受而立刻发怒。

任何人都希望听到好消息，领导也一样，可是有些坏消息我们必须向上司请示，我们万不能冲进办公室就诉说，这样，即使你只是个消息的传递者，但作为公司的一员，上司也会怀疑你处理事情的能力，而如果不紧不慢地说出“我们似乎碰到一些状况”，首先就弱化了事情的严重性，再者，表明你和领导站在同一条战线，同时为公司利益着想。

其实，除了上面这句话外，还有很多固定句型，可以帮助我们应急，这些句型有以下几个：

1.“我马上处理。”

如果公司出了状况，上司告诉了你，并要你迅速做出回应的时候，你还在那里犹豫不决，上司会对你非常生气。而此时对上司说“我马上处理”，这会令上司很直接地认为你是办事效率很高的好下属。

当然，“马上处理”并没有意味着一定要处理好，对于上司来说，他们想得到的就是这么一句话，这句话不至于让上司发怒！如果后来处理好了，那是你有能力，如果处理不好，也不能说你不把公司的事情当回事！

2.“××点以前给您答复。”

当上司问你某件事，而你不清楚的话，这句话就可帮你暂时回避问题，你可以对上司说：“让我再认真地想一想，××点以前给您答复。”之后你可以再询问其他人或查找相关的资料。

3.“我很想知道您对某件案子的看法……”

这句话恰如其分地讨好了领导。

4.“是我一时失察，不过幸好……”

这句话承认了自己的疏忽，但又不会引起领导的不满。

同样的意思用不同的说法表达出来，会给人一种不一样的感觉。使用这些惯用句型，会使你的话语更显干练和成熟，会让你与领导沟通起来事半功倍！

自信说话效率高，展示你的真实力

当今社会，人际关系的重要性日益凸显，仅凭自己的一双手去开辟事业已经越来越不现实了。很明显，那些不善言谈、只会埋头苦干的人很难在职场中出人头地。这些人并不是没有倾诉与表达的欲望，而是因为他们缺乏自信心，虽说业绩出色，但不敢真实地说出和实施自己的想法和主张，领导自然不会把他们列入升职、加薪之列。

其实，自信也是展现我们实力的一部分，当我们与领导说话的时候，只有不卑不亢，大胆地将自己内心的想法说出来，才会让领导了解我们的能力，给领导留下好印象。

职场范例：

杨斌是北京一家外企的销售经理，如今，他可谓功成名就，手底下员工已经过百，掌握着公司的经济命脉，深受老总器重、员工敬重，实在是春风得意，令人羡慕。可就在两年前，他还只是个名不见经传的业务员。

两年前，他刚从一所三流大学毕业，找工作的过程中处处碰壁早已让他信心全无，于是，在朋友的介绍下，他来到了现在的公司，准备从一名业务员开始慢慢做起。但不苟言笑的他始终无法融入集体，销售业绩虽然不错，但总是得不到提拔，这让杨斌情绪更加低落。但有一件事改变了他：

一天早晨，他和公司副总同乘一部电梯，他向副总问好，副总竟然不知

道自己是谁，更别说叫出他的名字了，杨斌很受打击。通过这件事，他仿佛明白了自己多年来很努力却总是不被重视的原因：拘谨、内向、过分谦虚，结果悄无声息得让人忘了他的存在。

后来，杨斌去了一家咨询公司，他们给了杨斌答案：不够自信！后来，他尝试着从身边的小事开始，增强自信心，他开始在公共场合发表自己的见解，开始在办公室和其他同事交流感情，经常尝试着向领导汇报工作。

果然，不到半年的时间，领导们都对杨斌产生了很好的印象，好几次还是副总主动和他打招呼。在人事调动会上，大家一致推荐杨斌为销售部经理，总裁问到杨斌自己的意见，杨斌当仁不让，立即将自己这么多年的一些思考和建议都陈述了出来，他的想法马上引起了总裁的兴趣。一周后，聘任书便到了杨斌手上。

分析：

自信是一种气度，是实力的最好证明，自信与实力是相辅相成的。自信者不卑不亢，是因为有十足的知识储备和实战经验。当你信心十足地工作时，效率自然高得多。所以，作为一个职场中人，就要和范例中的杨斌一样，摒弃拘谨、内向等一些交谈弱点，大方地向你的领导提出你的想法和见解，永远都是自信地做最好的自己，才能登上事业的一个又一个高峰。

细细分析起来，很多职场人士之所以不够自信，害怕与领导交流，主要还是慑于领导的威严，害怕万一不小心说了不该说的话，得罪了领导，不但不能升迁，还会被领导打入“冷宫”等，毕竟，领导掌握了每个员工的职场命运，于是，很多人对领导敬而远之，不能大方地与之沟通交流。

那么，我们在与领导沟通的时候，该怎样展现自己的自信呢？

1. 大胆地说

现代职场，考量人才的标准已经逐步多元化，一个与领导都不敢接触的人谈不上有什么社会竞争力，真正的人才还要学会表达，需要将自己的意见与想法准确、流畅、生动地传达给别人。而首先，你就必须敢说，敢迈出自我心理界限的第一步。自信是实力的第一证明，大胆地说出来，才有证明自己的机会。

2. 具备自信的精神面貌

当一个人与另外一个人接触的时候，给他的第一感觉并不是来自语言。我们要想给领导留下难忘的印象，除了要在语言上自信以外，还要具备自信的精神面貌。即使你再侃侃而谈，而衣着邋遢、不修边幅、精神委靡，也会让人反感，而且，这会给别人不被尊重的感觉，毕竟一个人的精神面貌很大一部分由外在表现出来的。

3. 做好准备，大方交谈

很多职场人士之所以在和领导交谈的时候手忙脚乱、语无伦次，以至于显得不够自信，还有一个重要的原因就是准备不充分。你要知道，准备充分，说话的时候才会有理有据，才会显出你的专业能力和素质，也就是你的实力，才会让领导赞同。领导的时间是有限的，准备不足，浪费领导的时间，他只会怀疑你的办事能力和态度。所以，要想让自己更自信，不妨多做些准备。如此充满信心的你，很可能经常收获意外的惊喜，你的努力也很快会变成事业上的成就。

第4章

有条理，说话前要摸清领导的“脾气”

身处职场，不可避免地要与领导接触，而与领导相处得如何，直接关系着我们工作质量的高低，也关乎我们的职场命运。与领导相处融洽，工作事事顺心，得心应手；而与领导相处不融洽，则在工作中处处碰壁，甚至遭人暗算乃至事业无成。假如我们想与领导和睦相处的话，就必须了解领导的性格和为人处世的风格、独特的爱好等。正所谓“到什么山上唱什么歌”，人各有好，秉性各异，跟不同的领导说不同的话，才能在职场左右逢源。

对领导了解沟通更有法

大千世界，虽然每个人都生活在群体和社会中，都有一定的相似性，但每个人又是一个个独立的个体，秉性各异。正如有人说，不可能找得到两片完全相同的叶子，同样，没有完全相同的两个人。可能有些人的性格、爱好等比较相似，又或者截然不同，但无论如何，都不可能完全相同。身处职场，我们免不了要与领导打交道。与领导相处，我们也需明白，对于领导，也不能千篇一律地对待，必须因人而异，对于领导的性格、爱好等方面，我们掌握得多一点，我们的职场生涯，获益就多一点。

每天，当我们踏入职场的那一刻起，我们就要和领导打交道了，对领导了解得越多，你就能越细致、越全面地对他进行定位，在与之交流的时候，也就能有的放矢，这无论对于工作的开展还是你职业生涯的发展都大有裨益。对于领导的了解，大到他的处事风格，小到一些生活习惯，只要我们用心观察，就能了解到。比如，你可以向工作年限长的同事询问领导的性格、脾气等；你可以观察领导在看文件时是细致入微还是浏览带过；你可以留意领导经常穿什么颜色的衣服；当其他同事给他泡茶的时候，他是否有反感；当其他同事犯错的时候，他是谆谆教诲还是破口大骂……这些，都需要我们多多了解。

职场范例：

安宁大学学的是酒店管理，大学毕业后，在众多应聘者中脱颖而出，成为总经理秘书。安宁很聪明，在上任后不到半个月就摸清了经理这个人，并获取了经理的好感。安宁上班的第一天，要和前任秘书办理交接事宜，需要总经理签字。安宁注意到，经理的字迹很工整，她料到经理应该是个严谨的人。而后来，安宁又看到经理办公室里挂满了跆拳道的奖牌，通过了解，才知道经理是改过行的。经过一系列的了解后，安宁终于知道该怎么跟这位新领导相处了。这天中午，大家都去吃饭了，经理把安宁叫到办公室，对安宁说："小安啊，你好像不怎么喜欢说话，是吗？""不是的，我只是觉得，在办公时间，应该努力工作才好。""那倒是，现在像你这样踏实、严谨的年轻人不多了呀。对了，你认为跆拳道这项运动怎么样？"经理说完后，安宁心中窃喜，因为她事先已经对跆拳道进行了一番了解，果然，在交谈过程中，经理发现，这个刚来的小姑娘对自己热爱的跆拳道居然有这么深的见解。于是，这个不苟言笑的经理居然一下子找到了和自己有共同兴趣的人，对安宁也信任起来，在今后的工作中，经理也时常放手将一些重要的事宜交给安宁处理。

分析：

安宁的领导是个严谨的人，要想和他拉近关系、取得他的信任不是易事，但安宁却做到了，因为她细致入微，看透了领导的性格、脾气等，所以，她尽量少说话、多做事，从而赢得了领导的好感，而她更为聪明的一点是对领导的爱好做了一番了解，这就为她与领导说话提供了共同话题，与领导的关系也一下子拉近了很多。的确，如果你能多了解上司一些，知道他喜欢什么，不喜欢什么；需要什么，不需要什么，然后在语言上做出默契的应对，那么你往往能在职场关系中稳占先机，创造有利于自己的良好环境和升职机会。

那么，我们该怎么做才能掌握领导的一点一滴呢？

1. 观察领导在不同状况下的情绪反应

每个人在遇到不同事情的时候，情绪反应是不一样的，你也可以观察一

下你的领导，什么事情常令他会心一笑？什么事情让他开怀大笑？什么事情会让他生气？什么事情又让他焦头烂额？当这些情绪产生后，他一般又会如何表现？

因为每个人的性格一般是固定的，对于类似的事情的情绪以及处理模式也基本上是不变的，掌握领导对于不同事情的处理方式，你就能巧妙“预知”领导即将采取什么措施，从而趋利避害，继而采取更好的沟通方式。

2. 助其一臂之力

没有哪个领导不喜欢能帮助自己完成工作目标的下属，你这样做，当然也是有好处的，其一，能让领导感受到你的忠心和对工作的认真负责；其二，掌握领导的工作任务，有助于你对公司的发展动态以及一些处理方法有所了解。这样，当你拥有一个领导的“智商”和处事方法的时候，你还担心自己原地踏步吗？

3. 清楚自己在领导心中的位置和对自己的期望

表面上看，领导只会对某些或者个别的下属有高期望，但实际上，他对每个下属的能力以及人品、性格等都有系统的了解，不然就不能称之为领导了。倘若要知道这些，你可以采用适当的方式，比如，假若你的领导很注重员工的态度，你可以在工作之余和他好好谈谈，以征求意见；如果他不善言谈，你不妨少说多做，用行动证明自己。

观察领导的体态语言

口头语言是我们与人交流的第一语言，具有直观性，但也存在不真实性，因为每个人都会说“不”。除了口头语言外，还存在一种副语言，即体态语言。体态语言隐晦但却真实，人常说，一个人撒了谎，他的眼睛会出卖他，就是这个道理。

那么，什么是体态语言呢？体态语言指的是人们在交往过程中通过一定的眼神动作、身体姿势、面部表情等发出的信息，是一种意在不言中的交际手段。

与口头语言不同的是，体态语言具有极大的丰富性。就拿眼睛来说，人们常说，眼睛是心灵的窗户，一个人的内心世界，即使再丰富，也可以透过其眼睛了解一二。比如，当对方与你交流的时候，眼神游离不定，则表示他对你所说的话题不感兴趣；如果他眼睛斜视或者不时地上扬，则表示他对你不屑一顾；如若他睁大了眼睛听你说话，则表示他对你所阐述的话题有极大的兴趣，还有赞同之意。

身处职场，我们更需要了解领导的体态语言，与领导交谈的时候，要善于观察，从体态语言中洞悉领导的真实想法。领导有一定的威严和责任，不可能不顾场合和后果地大发言论，也不一定所言都是其内心的真实想法，只要我们留心观察，就能看出对方体态上流露出的一些破绽。

职场范例：

李文攻读完心理学硕士学位以后，被一家心理学机构高薪聘请。缺乏实践经验的他被安排在最底层实习一个月，自然，这也在情理之中。

有一天下午4点左右，他遇到一个麻烦的客户，有很多问题他解决不了，大家都在忙，他想，去问主管吧，刚好可以交流一下。当他敲门进去的时候，主管正在看一本杂志，李文想，做领导真好，这么悠闲。于是，李文想把事情和领导说清楚。可是此时李文却注意到了领导的一个动作——双手合拢，从上往下压。根据李文的经验，领导一定是遇到了什么事情。再一看，领导办公桌上有一封信，并不是公司的信件。李文明白了，估计刚刚主管看杂志也是想让自己镇定下来。于是，为了不打扰主管，李文找了个理由离开了办公室。

果然，第二天，有同事说，主管在美国的老父亲突然病逝，昨天寄来的信，李文庆幸昨天没有在办公室长待，不然只会给主管留下坏印象。从美国回来后的主管，虽说心情还是很悲伤，但是却找来了李文，感谢他那天给了他独处的时间。两人后来成为了好朋友。

分析：

毕竟是学心理学的，从领导的几个小动作中，李文就看出了他有心事急需平静，便不再打扰，事后领导感觉到了李文的善解人意，关系自然会拉近一步。

事实上，每个人的内心世界并不一定是靠语言来表达的，领导更是如此。他们往往不会有太多的闲言碎语，简短的语言有时候让我们摸不透他到底在想什么，这时候，我们就可以通过很多的体态语言来洞悉领导的内心世界。

比如，双手叉腰，这是一种很典型的具有强烈支配意识的表现，这类领导一般比较强势，喜欢命令别人，与人交往的时候，也希望自己可以处于主动、支配地位；当领导在与下属交谈的时候，喜欢下意识地将身体挪向后面，后背靠着椅子坐着，这表明你的领导有点自负；如果你在侃侃而谈阐述自己观点的时候，你的领导默不作声，然后将两手食指并在一起，其余手指交叉在一起，与两个食指形成了一个锥体，这表明在你开始讲话前，领导就已做好了拒绝你的准备……

总结起来，领导的体态语言是有一定规律可循的。了解这一点，不仅有助于理解领导的意图，而且还能够使自己的表达方式更加丰富。

在人际交往中，常见的体态语言主要有：情态语言、身势语言和空间语言。

1. 情态语言

情态语言是由人的面部发出的，指人的各种面部表情及动作。

人面目的各种器官，比如眼睛、嘴巴、眉毛等，都能传达出丰富的信息，同时，人的脸也是一张晴雨表，任何一个表情都是一种内心世界的反应。

2. 身势语言

身势语言是由人身体的各个部位发出的动作，不同的部位，发出的是不一样的信号。

3. 空间语言

空间语言囊括了一定空间范围内的各种信息。

社会交往中，人与人之间一般都有一定的距离间隔，指的是社会场合中人与人身体之间所保持的距离间隔。从表面上看，这种空间语言是无声的，但是它对人际交往有着潜在的影响和作用，有时甚至决定着人际交往的成败。

了解领导的处事风格

每个人的性格、文化背景、爱好各不同，就会有不同的处事方式和风格，领导也一样。身处职场，我们要想与领导安稳共事，就必须掌握领导的处事风格，对症下药，这样才能事半功倍。

职场范例：

陈云在一家大型会展公司做行政秘书，这个工作按理说不是很忙，因为会展工作由策划和执行部门管理，自己只需要做好总经理的行程安排工作即可。可实际上，事情远没有其他同事想象得那么简单，因为他的领导是个说风就是雨的人，常常让陈云招架不住。

有一天，总经理要去拜访一位业界的老前辈，会面时间安排在下午1点，在一家大型酒店。正准备出发时，经理却突然对陈云说："你把我办公室的手表拿来，我习惯了出门戴手表。”陈云气喘吁吁地跑来时，他又说：“给杨老爷子的礼物没买，空手去见，很不妥，你上去把办公室那瓶法国××牌子的红酒拿来……”陈云真是跑断了腿，总算办妥了。

这个领导可真不好对付！平时工作中，他总是想到什么做什么，累的是周围的人。

分析：

陈云遇到的这种领导，属于随机型领导，想到什么，就说什么做什么，做事没有一定的计划性和稳定性，由于决策的不断变更，总让下属招架不住。对于这类领导，我们一定要思维敏捷，懂得不断创新、多方位思考，这样才能跟得上领导的节拍。比如，范例中，陈云出发前可以提醒一下领导，有没有忘记什么，这样就可以避免很多不必要的麻烦。

其实，不同的领导有不同的领导风格，总结一下，大概有以下几种：

1. 随机型领导

也就是范例中陈云遇到的这类领导。可以看出，这类领导思维活跃，并且极爱面子，作为下属，我们在思维上要走在他的前一步，语言上要慢一步，这样才能既把握他的动向，又能给足他面子。

2. 目的型领导

这类领导最注重的是员工和下属工作的结果，他们一般是急性子，不管用什么方法，只要有良好的结果，就会得到他的认同。面对这样的领导，我们要用行动证明，在工作中不必有太多的“花招”，直来直去反而更容易得到他的欣赏，做太多的铺垫反而会让领导觉得繁冗，快、精、准地切入主题才会得到他的认同和赞赏。

3. 细节型领导

在做事风格上，属于这一类型的领导往往崇尚完美，就其职场特质而论，可叫做“猫头鹰型”。要想赢得细节型领导的赏识，需要做到以下几点：

首先，要做事程序化，有条不紊。这类领导绝不会允许下属在工作的时候有太多自己的见解与想法，因为他认为自己的想法已经很完美了，只需要下属照做就是，在他们看来，对待工作要像对待“艺术品”一样，精益求精。因此，如果遇到这样的领导，下属的工作一定要系统化、程序化，看起来一切都有条不紊。

其次是关注细节。细节是决定一件事情完美与否的标准，细节的完美才是真正的完美。对待这样的领导，我们一定要细致入微。

最后，要三思而后行。这类领导还注重下属的思维习惯，能否完美地执行一件事，取决于思考的全面与否。所以，在处理问题时不要轻举妄动，而要多动脑子去思考，否则会给领导留下有勇无谋的印象。

4.综合型领导

这类领导的综合能力较强，你工作中的一点一滴都构成他对你评断的标准，所以，你在工作中，无论做什么事，尽量做到准备充分、考虑周全，不要给其他同事留下什么口舌。而同时，要注意迎合领导，这类领导很敏感，易妥协，任何问题都要给足时间让他考虑。

当然，在我们初次接触领导的时候，还无法判断他是什么类型的领导，但是只要我们善于观察，在日常的工作中便可慢慢获知，当了解领导的处事风格以后，我们与其相处的方式、方法和工作风格等都要作相应的调整。

另外，我们还要注意，每个领导的处事风格也并不是单一的，只是由某种风格占据主导地位，这也要求我们与之相处的时候要灵活多变。

了解领导的处事风格，能防止我们让领导不愉快，这无论对个人还是对组织都大有裨益。更重要的是，它决定了你职业生涯的成败。

学会和不同性格的领导说话

似乎很多职场中人都有这样的想法：自己和公司的利益是对立的，和领导是对立的。抱着这种想法，我们工作充其量也就是为了每月的薪水，而没有任何意义和价值可言。其实，我们与领导相处不好，主要是因为我们没有很好地了解领导，要知道，领导也希望与下属和睦相处，一起为公司、单位的利益奋斗。

古人云：“知己知彼，百战不殆。”到什么山上唱什么歌，不同的领导有不同的性格，我们只有摸清领导的脾气禀性，才能找出一个与之和睦相处的方法。

职场范例：

崔颖是一名部门经理，做事大大咧咧，可是却遇上了一个事无巨细、心眼又小的老总，但他脾气好，从不对下属大呼小叫，却会把自己的想法含沙射影地说出来。

崔颖最近很忙，也许正是因为她的忙碌，上司开始对她有意见了。有一天上司对她说：“你好像每天都很忙，但是我又不知道你在忙什么，有时有问题想问你，但是又不好意思问，怕耽误你的工作。”这话让崔颖听着脊梁骨发寒，上司走后崔颖的秘书笑着说：“看老总这话说的，好像他是你的下属似的！”

秘书的话提醒了崔颖。想想这段时间，工作是很忙。正是因为忙，她很久没有和上司沟通了，可是也不至于这么说啊。但是一想到平时老总待自己不错，也就算了。后来，她安排秘书为她写了份详细的工作记录，第二天她走进上司的办公室，对老总说：“总经理，这是我近来的工作进度，请您审查。”上司对她流露出微笑：“有进步啊！”她也报以微笑。

分析：

崔颖的领导就是一个性格细腻的人，面对这样的领导，刚开始崔颖都没在意，而让领导抓到批评的理由，幸好她能及时发现，扭转了在领导心中的印象。

一般来说，我们可以把领导的性格分为以下几种类型：

1. 沉稳型领导

这类领导本身的性格很谨慎，一丝不苟，自然也希望下属能和自己有一样的工作作风和态度，假如你能认真地写好每一份报告，并且每一点都有据可依，在日常工作中能尽量避免一些小错误，那么，你的领导一定很欣赏你。

2. 懦弱型领导

这类领导的最大特点是没有主见，意见和思想容易被其他人左右。对于这类领导，当我们有意见要提或者有想法要沟通的话，不妨和其他同事一起进言，胜算的把握会大得多。

3. 不拘小节型领导

与这类领导相处起来容易得多，无论什么性格的下属，他都能与之融洽相处。但同样，他们也很看重下属的工作能力，对于这类领导，我们要做的就是用能力证明一切。

4. 吹毛求疵型领导

百般挑剔是这类领导的特点。对于他一贯的批评，如果你不想伤神的话，就要摆正心态，把他日常的那些不满意当作家常便饭，不要太介意。在不危及你工作的情况下，你完全可以置之不理，但是如果是你的工作不到位，那当然要按领导要求的照办。

5. 急躁型领导

这类领导就是脾气坏，其实心眼很好。他们常常为了一些小事大发脾气，令做下属的我们难以招架。对于这类领导，我们一定要观察、分析他们发火的原因是什么，总结出其生气的一般规律来，知道了问题的答案，就可以对症下药，防止此类事件重演。

6. 固执己见型领导

这类领导最大的特点就是固执己见，听不进去别人的意见，即使是错的，也认为是对的，有时候，会因为他的个人因素导致工作中的一些偏差和失误。对于这类领导，我们要动之以情，晓之以理，使其改变风格，从而让自己少受"迫害"。比如我们可以：首先，把握好自己说话的语气和口吻，语气要谦和，态度要柔和；其次，要明确工作的目的不是为了某个人，而是为了团队的利益；最后，当你提出自己的建议时，先摆正自己作为下属的位置，不要越权。

当然，除了上述类型以外，领导的性格还有其他类型，这需要我们在实践中不断总结。

总之，在工作中，不管遇到的是哪种类型的领导，都需要做到以下几点：

(1)多做少说，用实力和能力证明自己。

(2)让领导信任你。要更详细地了解领导，也让领导了解你，比如，凡是工作上的事都要尽可能汇报，最好是精炼的书面报告。

(3)给足领导面子。比如，当你被采纳的意见为公司赢得利益，要把成果毫无保留地与领导分享。

(4)善于发现领导周围的人际关系和资源，你可以更加深刻地了解领导。

学会与不同工作风格的领导沟通

工作中，稍微留心我们就可以发现，不同的领导，有不同的性格，也就会有不同的处事方式，自然也就有不同的工作态度，有些领导大大咧咧，做事马虎；有些领导事无巨细，做事严谨；有些领导为人谦和，工作负责。针对不同工作态度的领导，要有不同的应对策略，才能与之和睦相处，同心协力为公司利益奋斗，而作为下属的你，也才能上下逢源，成为领导重视的左膀右臂。

职场范例：

麦克今年27岁了，在一家公司担任行政部门主任，在这个岗位上，他已经干了四年。他的领导是总经理，总经理当初是一个人白手起家的，但正是因为这点，令经理觉得今天的一切来之不易，工作起来也就特别认真，他也不允许他的员工消极怠工。

因为麦克的工作年限较长，在行业的经验自然很丰富，于是，就有几家企业想来挖人，起初，麦克没想那么多，但后来他也开始拿自己的薪水和其他公司同等职位的人作比较，然后发觉自己的薪水挺少的，有时就会产生跳槽的想法。

后来，麦克开始怀疑自己的想法被领导发现了，因为领导开始找他谈话了，那是总经理早期的一些工作经历：

原来他的第一份工作在一家台资企业。起初那几年，一直在积累工作经验，后来，他也觉得工资低，产生了跳槽的念头。在一个好朋友的帮助下，他收到消息，一个世界500强企业在招聘。更重要的是，该职位仿佛是为他量身定做的。他决定前去面试。

第一次面试他的是他未来部门的中国领导，彼此都十分满意。

一个星期后，他接到了人事部门再次面试的通知，双方仍然很满意，并且，他还通过朋友了解到了该职位的薪资，是他原先公司的两倍，他越发高兴了。

他以为这下肯定大功告成了。很自然，身在曹营心在汉，他已经没有任

何再留下来的理由了，他以为录用通知书很快就会到来。没想到，他的面试远没有结束。他还需要接受公司其他区域与他同级别成员的面试。甚至有两次他被要求早上 6 点到公司办公室去，接受公司总部美国领导的电话面试。这一场没完没了的面试，从开始到结束持续了两个月。

每面试一次，他对自己必胜的信心就增强一分，对目前的公司就更看不顺眼一分，到了后来，他要跳槽的事情弄得公司上下皆知。没想到，那家 500 强企业最终没有聘用他，原因到现在他也没有搞清楚。

后来，他觉得自己没有脸面再在这家公司待下去了，便不动声色地辞职了。再后来，他创办了现在这家公司……

听完总经理的倾诉后，麦克大致明白了领导向他倾吐苦水的目的。于是，他真诚地对总经理说：“人其实都是需要定力的，您放心，我一定会跟着您好好干！”后来，麦克的工作态度真的转变了很多，总经理也越发重用他。

分析：

麦克是幸运的，遇到了一个通情达理的上司，他虽然要求员工努力工作，态度认真，但当麦克有跳槽想法的时候，他并没有怒不可遏，而是用自己的肺腑之言留住了下属。

当然，这样的领导不多，比如万一你的领导是个性格急躁、做事马虎的人，当他发现你要跳槽的时候，恐怕就会对你另眼相看了。

不同的领导，有不同的工作态度，上有政策，下有对策，不管领导的工作态度怎样，我们都能有具体的应对策略。具体来说，有以下几种：

1. 应对工作狂型领导

这类领导希望自己的下属和自己一样，是一台机器，希望他们也可以精力充沛，热衷于自己的工作，其实，和这种领导共事很累，但是为了避免被动，你可以主动一点，凡事要向他请教，这样，他会有一种高高在上的感觉，认为即使你有了成绩，也是在他英明的领导下完成的，很快，你就能得到他的赏识了。

2. 应对以自我为中心型领导

这类领导喜欢以自我为中心，希望周围的人都围着他转，因此，不管什么时候，不要忘记主动与他接触，让他感觉到你对他的敬仰。

3. 应对无主见型领导

其实这类领导很好相处，只是在工作上会常有变动，因为他的决定会随时因为别人的一句话而改变，其实，你要做的就是和持有相同意见的其他同事一起帮他做决定，并将这个决定维持下去。

4. 应对健忘型领导

有些领导总是记不住事情，即使有秘书提醒，他还是会忘记，而且说话前后不一，做事丢三落四，对付这类领导，你在事先就要多问，以确定某种观点，也可以记下当时领导的话语，当有问题的时候，也好核对。

和领导说话，有些玩笑开不得

生活中，我们每个人都会开一点玩笑，因为玩笑开得好，不仅能增进人与人之间的关系，也是表现一个人语言智慧的一个重要方面。但开玩笑并不是毫无原则可讲的，尤其在与领导说话的时候，更不能过于随意，要知道，有些玩笑开不得。

与领导开玩笑，有一定的学问。开玩笑时，要明确双方的身份，领导永远是领导，即使你们关系再好，也不能乱开玩笑。同时，开玩笑也一定要达到赞美、尊重他的效果，玩笑要是善意的、积极的、阳光的，那些黑色玩笑万万开不得，这会让领导失了面子和尊严，而你也因此冒犯甚至得罪了领导。

职场范例 1:

刘艳是个聪明伶俐的姑娘，上学的时候就因为开朗活泼、言辞幽默深得老师的喜爱，参加工作后更是因为总能逗大家开心，成了大家口中的“开心果”，身边更不乏朋友。可是她毕竟是大学毕业，在后勤部门已经干了三年了，照说也该有所变动，可是不知道为什么，就是一直没有升职。后来，她四处询问，才知道自己原来是不小心得罪了领导。还是喜欢开玩笑的毛病害了自己。

有一天，后勤部张主任穿了身新衣服来上班，灰西装、灰衬衫、灰裤子、灰领带。同事都没有说话，都在工作着，偏偏好动的刘艳看见了进来的张主任，于是高声地喊着：“哎呀，穿新衣服了？”张主任怕她对自己指指点点，听了只是咧嘴一笑，没想到刘艳还没“放过”张主任，接着捂着嘴笑：“哈哈，您真像只灰耗子！”张主任听完，脸色发青，什么都没说，就径直去了办公室。

由于接连开了几次过火的玩笑，张主任根本不愿意接触刘艳，以至于刘艳无法与领导经常沟通交流，工作开展得也很不顺利。三年一直在公司底层也是情理之中的事情，尽管刘艳一直努力、认真地工作着。

职场范例 2:

张亮是一名经理助理，和经理关系很好。那天，公司谈成一笔大生意以后，双方自然要签合同，经理签完字以后，对方负责人连连称赞经理的字写得好，说：“您的签名可真气派！好手笔！”一旁的张亮一看刚刚紧张的谈判过程已经结束，正需要放松一下，听到称赞声后，一阵坏笑：“能不气派吗？我们领导暗地里练了好几个月呢！”此话一出，领导和客户的表情立马都变得很尴尬。张亮也意识到自己说错话了，可为时已晚。

当众受辱的经理心里一直结了个疙瘩，就开始经常找他的茬儿，一会影印有问题，一会儿报表不够精细等，连工作累了歇一会，经理都说他偷懒，张亮一肚子的委屈，以前不管发生什么，即使出了过错，经理也不会说什么，张亮还以为经理脾气好，可以开点玩笑呢，没想到却是这样。

分析：

范例1中，刘艳开的玩笑确实有点过火了，领导穿了新衣服，的确可以评价一下，但不能把领导比作“耗子”，这无疑是贬损了领导的人格和自尊，让领导颜面尽失。当然，刘艳开这个玩笑是无心的，但在领导听起来，却非常令人不高兴。如果刘艳换一种评价的方式，比如说：“您今天这身新衣服真显气质！”那恐怕张主任对刘艳又是另一种看法了。

范例2中，张亮的玩笑更是让领导“恨之入骨”，表面上看，他是在开玩笑，但在领导听起来，却是在贬低和戏弄自己，自然不高兴了。

在工作过程中与领导开玩笑，的确可以拉近和领导之间的距离，融洽和领导以及同事们的关系，但一定要把握好分寸，不能太过分，否则玩笑开得不当，就会使自己在不知不觉中陷入被动，以致影响前程。

由此可见，职场处处皆学问，如何说话更是重中之重，玩笑开过了头，就容易引起领导的反感。所以，和领导开玩笑，把握分寸至关重要。

也许同样的一个问题，你觉得没有什么，然而领导听起来却会觉得问题很严重。那么，该如何把握分寸呢？我们可以以此为鉴：

（1）尽量在领导的优点上开玩笑。多发现领导的优点，从此下手，口中吐露的字眼也就是美好的，对方听起来也就舒服得多。

（2）在开玩笑时一定要注意场合，在公共场合的时候，更需要注意，如果有些话你不知道怎样表达，最好就不要表达，更不可乱开玩笑。

（3）摸清领导的性格，适当开玩笑。有些领导严肃拘谨，那么，你尽量不开玩笑，否则，你会给他留下工作不认真的印象。而对于性格随和的领导，倒是可以偶尔开开玩笑，调节一下办公室的气氛，但还是要记住双方的地位，玩笑不能乱开。

第5章

有思路，把握领导想法说出中听的话

俗话说，良言一句胜过三冬送暖。没有任何人会拒绝别人的赞美，领导也一样，适时地送上几句夸赞领导的话，对上下级关系的融洽能起到积极的作用。但我们要明白，即使赞美的话，也是不可以乱说的，是有一定技巧可言的，只要掌握这些技巧，真诚赞美，就一定能把话说到领导心坎儿上。

背后对领导的认同显诚恳

赞美的好处和威力不必多说，因为每个人都长着爱听赞美之言的耳朵，但赞美也是有技巧的，比如，背后赞美就比当面赞美更奏效。通常情况下，我们认为，赞美的话一定要让当事人在场，尽量指出他的长处，实际上假如我们换另外一种方法，找个适当的时机，在背后对其称赞一番，这样会比当面恭维来得更有效，因为人都有一种心理，认为背后的赞美才是真诚的，当面的赞美有虚假和恭维的成分。

对于领导也是如此，背后赞美，最能让他高兴，从我们自己的角度想想，如果你在毫无准备的情况下听到有人赞美你，肯定比那些当面恭维之语更让你顺心。

很久以前，有一个国王，他什么爱好都没有，就是每天要底下的那些臣子对自己说一句赞美的话。说赞美的话又不是什么难事，这些大臣每天就变着花样说给国王听。

刚开始国王倒是很新鲜，每天有那么多人称赞自己。可是时间一长，国王感觉这些人说的话都太虚伪、做作。一听到“您是我们最英明的陛下”、“您的伟业将永垂不朽”这些话，国王都想把大臣拉出去砍了，可是那些大臣也没犯什么错。

有个聪明的大臣看出了国王的心事，于是想办法来点“新鲜的”，好让国王高兴高兴。

一天，国王要发布新的政令。这一次，这个聪明的大臣并没有像以往那样当面称赞国王，而是故意在一旁悄悄地对别人说：“凡是身居高位的人，大多喜欢别人的奉承，只有我们陛下不是这样，他一向都不把别人的称赞放在心里。”

而此时，国王正好赶到，在门后听到了这些话，心里非常高兴，马上唤来这个大臣说：“好啊，知道我心意的，只有你啊。”

很快，这个聪明的大臣就被升职了，并受到了国王的重用。

职场范例：

陈明进公司后，因为对业务不太熟悉，很多事情都得请教领导。领导王主任也是大力帮助他，使他在工作上进步很快。有一天中午，大家吃饭后准备午休，陈明和几个同事坐在一起闲聊，无意地说了几句夸赞王主任的好话：“王主任这个人真的很不错，办事公正，对我的帮助尤其大，能为这样的人做事，真是一种幸运。”没想到这几句话很快就传到了领导王主任的耳朵里去，令他心里美滋滋的，而在王主任心目中对陈明的好感也比之前增加了很多。在日后的工作中，他们一直相处得很愉快。

分析：

故事中的大臣是极为聪明的，他采用的就是一反常态的赞美方式，在背后赞美国王，满足了国王想听真诚赞美之言的心理需求。但其实我们都明白，他对其他大臣说的那番话，本身就是说给国王听的，只是把恭维话说在了国王的背后，以和别人在背后议论的方式，有意识地让国王听到耳朵里去，把国王捧得极高，从而达到了讨好国王的目的，自然也就得到了国王的提拔和重用。

范例中的陈明也正是因为在领导背后说了一些赞美之言，而这些真诚的话刚好传到了领导的耳朵里，让领导觉得真诚和温馨，自然会对陈明的好感增加许多。

背后赞扬别人，更让人觉得真诚、甜蜜，更容易让人满足，这是情理之中的事，所以人们更容易相信背后的好话，会更加欣赏那些在背后说自己好话的人。因此背后颂扬别人，比当面赞扬更为有效。如果你想让领导对你的好感增加，就学会在领导的背后赞扬领导吧。

而相反，如果我们当着领导的面称赞他，不仅可能会让领导觉得你虚情假意，还会有谄媚之嫌，可能会招致其他同事的轻视。所以，我们不妨学会背后称赞，你也不必担心这些话领导听不到，请放心，这些赞美终有一天会传到领导耳中。而且，这一天会很快到来。

具体来说，我们可以这样在背后赞美领导：

1. 将计就计

很多领导为了体察“民意”，发现对自己有意见的下属，往往在部门内部甚至其他部门安插一些“心腹”，当你下班后，有几个同事邀你去喝酒，或者在酒桌上遇见几个陌生的面孔，搞不好都是领导的“心腹”，这种场合，你千万不能说领导的坏话，而应该将计就计，把领导大大地赞扬一番，这些赞美的言词必然会流传出去，让领导听到你对他的赞美，就会越发信任你。作为下属，一定要有这种“智慧”，否则就会被领导“暗算”了。

2. 善于发现领导身上隐藏的优点

“人皆有所长”，即使你的领导看起来没有你可以赞扬的优点，你也要善于寻找和发现可能连领导自己都没有在意的优点，这样你的赞美之言会显得耳目一新。

3. 跨部门赞美你的领导

领导是爱面子的，尤其是在部门与部门之间，如果领导知道他在其他部门的名声很好，恰好又是因为你的赞美之言造成的，那么，他对你的重视度会提高很多。

4. 尽量多赞美你周围的人

赞美不仅仅局限于你的领导，也不只局限于可能对你有帮助的人，在日常工作中，无论是本部门的，还是其他部门的，尽量多赞美，但是也不能胡乱赞美，也不可大声叫喊，要在私底下用亲切稳重的语气表达，让别人感受到你的真诚，因为上司对你的印象很大一部分取决于同事对你的态度。

多说赞美之言，与领导关系更和谐

自古以来，曲意逢迎、溜须拍马被人们所憎恶，但人们从不会拒绝真诚的赞美之言，领导也是如此。有时候，作为下属，为了和领导相处起来更融洽，为了最大限度地发挥团队的协作精神，为了工作顺利开展，我们在语言表达上，一定要注意，所说之言要尽量让领导更容易接受，当然，这其中就不乏赞美，赞美之言是上下级关系的调节剂，适时地对领导说几句赞美的话，能让上下级之间的关系更融洽。

但现实职场中，一些下属总是把自己的利益和领导的利益对立起来，当面奉承、背后中伤，似乎领导就是自己的天敌，其实，无论是领导还是下属，都是为了公司的利益而奋斗，个人利益也只有在公司利益得到保证的情况下才有保证，也只有在双方关系融洽的情况下，工作任务和目标才能顺利完成。比如，在工作中，当你的领导穿了一件新衣服时，你不妨说："这衣服穿在您的身上可真显档次！"一句赞美的话，领导听了受用，你也高兴，何乐而不为呢？

职场范例：

孙梅是一名秘书，老板是一位艰苦创业的女性，一路走来，经历了很多艰辛，孙梅很敬重她。可能是人到中年才发现自己的青春都献给了事业，这段时间，老板很喜欢买衣服、打扮自己，而年轻的孙梅自然成了她的把关人。

这不,将要下班的时候,孙梅接到老板的电话:下班后陪我逛一下商场。这已经成了孙梅每天下班以后的常事,虽然她不是很愿意,可是孙梅已经听得出电话里领导的语调虽然平和,但平和里还是夹带了一些命令的。作为领导的秘书,她自然不敢怠慢,很快就答应了。下班后,她拎起包,也没有化妆,就走出了办公室。

走到楼下,老板的车已经等在那儿了,孙梅迟到了,自然有点不好意思。灵机一动,孙梅随即赞赏老板一番,她看到老板今天穿的是一件素雅的长裙,怎么早上没发现呢?真的还是蛮好看的,不禁惊呼:“您今天的打扮真是很有气质!”老板一听马上喜形于色:“哪儿啊,都是以前买的,没怎么穿过,怕觉得过时了,你觉得这样穿行吗?”

孙梅兴奋地说:“当然行了,您怎么不早穿呢,今年流行的正是这种素雅的裙子,显得您很有品位和气质,有这么好的衣服放在家里,多可惜啊!让我现在才能一饱眼福……”这一席话,真是说得老板心里乐开了花。

好不容易到了商场,老板情绪很好,兴致高昂地逛了好久,可能是两人都逛累了,都不怎么愿意说话了,一直沉默着,孙梅觉得这样不好,不能沉默太久,于是她说:“您身材好,穿什么都好看,您瞧您这身段,小姑娘似的,哪像一般这岁数的人啊!这些衣服,真是找对了主儿了。”老板一听,疲惫的脸立马变得容光焕发。

从此,老板更加喜欢和信任孙梅了,私下里俨然是一对好姐妹了。

分析:

孙梅是个聪明的秘书,恰当的赞美不仅让老板很受用,也让自己得到了肯定。她的聪明之处就在于,对老板的赞美都说到了老板的心坎儿上。所以,赞美领导并不是无规可循,无据可依的,赞美一定要抓住领导最关心的问题,这样说出来的赞美话才会让领导身心陶醉。

赞美对任何人来说都是阳光。只要你善用赞美之言，就会为你赢得广泛的人际关系，并使你与领导相处得更加融洽。夸赞领导，不妨再参考以下三点：

1. 针对领导的工作成就进行赞美

成就领导现在的职位的，自然是成绩。你不妨观察领导日常的工作业绩，在不经意中当着领导的面提示这些业绩，领导自然会感激你对那些即使很小的业绩的关注，并乐在其中。

2. 传达众人的赞美之言

众人的话肯定比我们个人的话更有可信度，而且，这种恭维更卸掉了谄媚之嫌，是一种不露骨的恭维，因为赞美之言是你传达的，领导所有的好处也都会恩赐于你，所以，你不必担心众人会抢了你的风头，夺了头功。

3. 借赞美的外衣提意见

实际上，没有领导希望自己的既定计划被改变，即使下属的建议有助于改善现在的计划，他一般也都难于接受，而如果我们能够把建议包装成对领导成就的适度赞誉，就很可能会因满足了领导的成就感而激发其向着下属期待的方向努力。同时，还让领导对自己有了更多的好感和信任。

赞美不啰嗦，才能避免落入俗套

人类最美丽的语言是赞美，人类最动听的声音也是赞美。美国著名心理学家威廉·詹姆斯曾说过："人类本性上最深的企图之一是期望被赞美、钦佩、尊重。"可以说，希望得到尊重和赞美，是人们内心深处的一种渴望。人人都爱听赞美的话，因为赞美能激起人们心灵最深处的自豪感和成就感，从而使其产生美好的心境，而同时，赞美也是人类最高收益的投资，当对方接受了我们赞美之言的时候，也就接受了我们这个人，自然也就拉近了彼此之间的距离，我们的生活、工作环境也就会更加和谐。

当然，赞美是要讲究一定技巧的，需要掌握一定的分寸，赞美要不落俗套，才会让对方受用。循规蹈矩、墨守成规的赞美只会让对方感到毫无新意可言，起不到真正赞美的作用。而假若我们善于观察，善于挖掘，找到别人未发现的优点，这样说出来的赞美之言才会更显新意和诚意，更会给被夸赞的人留下既美好又深刻的印象。

职场更需要赞美，作为下属，为了让工作顺利开展，必须和领导搞好关系，而不落俗套的赞美往往让领导很受用，"高帽子"戴得好，也需要一定的技巧。

职场范例：

杨元在某大型广告公司行政部门工作。因为工作性质的关系，她很会说话，见着人就夸，可正是因为这样，很多同事认为她不实诚，不知道她的夸赞是不是出于真心。杨元的领导是一位女士，很时尚，也很会搭配衣服，每天早上总是会以不同的装扮亮相，而杨元似乎也成了她每天装束的评论者，赞扬倒无所谓，关键是，杨元每一句赞扬的话都说得似乎变了味儿，让经理很难堪，可是，杨元丝毫没察觉，继续进行自己的"时装评点"工作。

一天，女经理走进门，本准备绕开杨元的视线，可偏偏被她看见了，"哇噻，经理！又买了一套新衣服，对不对？款式不错，肯定又是今年的限量版，您瞧瞧，这颜色好亮喔！穿在您身上更是显得高贵大方。"领导并不是高调的人，更不喜欢人家对自己的穿着评头论足，她听着杨元的每一句话都很刺耳，只好勉强挤出一点笑容，杨元还以为自己的赞美奏效了。第二天，经理几乎都不想从正门进公司了，可她的办公室只能从办公区经过，她几乎要挡着脸走进办公室，但还是被杨元看见了。"看看！又一套，很贵吧？做经理就是好，还有项链、耳环，也是新的吧？我就缺这个本事，不会像您如此会打扮。”这么接二连三的折磨，害得领导都不敢跟她说话了，谁知道在其他同事面前，她还会说出什么不靠谱的恭维话呢？

有一天，领导实在被她弄烦了，就把她叫到经理办公室，对她说：“我不是批评你，但是有时候并不是每个人都喜欢被你夸，而且，你要知道，不是你没看过的就是新衣服，我的衣服有的已经穿了五六年了，只是保养得好，配来配去就不一样了而已！你一嚷嚷，人家还以为我生活多奢侈呢！以后请别再说我的衣服啦！”听完这些话，杨元才发现，自己以前那些努力不仅是无用功，还起了反作用。

分析：

范例中，杨元的目的本身是赞美领导，想让领导心情愉悦，可是却适得其反，她同时犯了两条恭维人的大忌：一是，恭维没有新意，啰啰唆唆，让人听来无趣；二是，戏谑成分过大，没有诚意，让人感觉听起来很刺耳，领导自然不能接受。

针对这两点赞美大忌，我们也可以从以下两点努力：

1. 赞美要有新意

尽量别赞美领导那些显而易见的优点，因为领导已经听惯了那些，领导最多也就是笑笑，当作常规意义上别人的奉承罢了。你不妨对领导做一些深入的了解，挖掘一些领导的内在优点，这样的赞美才能独树一帜，才会让领导眼前一亮。

2. 赞美要真诚

范例中，杨元的话着实让人听着不舒服，又带有讽刺意味，尽管她自己没察觉。赞美应该是发自内心的，是自然而然的善意行为，不需要你绞尽脑汁，处心积虑，也不需要你赔尽小心。要想我们的赞美之言更显真诚，我们可以注意以下几点：

(1)不仅赞美别人，要把别人的优点当成自己学习的榜样，把语言化成行动，才会让别人信服，别人也更容易帮助你。

(2)间接赞美。比如，你可以用辩论的观点，让对方说服你，承认自己的优点，比你自己说出来更有价值。

(3)多关心周围的人。赞美和恭维领导不仅是说好话，还要说好听的话。这不仅是对领导，对周围的同事也要如此，一句关心、嘘寒问暖的话比那些绞尽脑汁的赞美更能打动人心。总之，要想在办公室里出人头地，获得领导的青睐和同事间的和睦，可以有很多种方法，但赞美领导和同事是成为一个受欢迎的人的必备手段，是建立良好人际关系的基石，更是事业成功的良性催化剂。

赞美之言有根据，更得领导心

人人都渴望被别人赞美，因为这是人的基本心理需求，这一点毋庸置疑。赞美是嘴角的春风，言语的钻石；它是开启人心的钥匙，能瞬间满足人心最大的渴望。卢梭说：“贤人哲士是绝对不追求运气的，然而对赞誉和激励却不能无动于衷。”对于职场人士来说，和领导相处，更需要赞扬这双“大手”的支持。适时恰当的赞扬能产生很大的力量，是获取成功的“催化剂”。

但事实上，赞美并不是一件简单的事，因为常规意义上的赞美，也就是大处落墨，不着边际，这样缺乏新意和诚意。因此，我们不妨换个角度，抓住赞美点，这样，我们赞美起来也就有据可依，要知道，每个人都希望被人赞美，喜欢戴高帽子，可关键是，这顶高帽子我们该怎么戴才合适，让对方感觉你戴得合情合理，才能真正打动他。

所以，在与领导相处的时候，一定要善于挖掘他的优点，即使这个领导你不喜欢，只要你用心去找，一定会找到，抓住他的优点赞美，一定会让他对你“另眼相看”。

范例1：

拿破仑行军打仗，机智多谋，对奉承之语最为厌恶，他也根本不吃那一套，这一点，军营里的士兵们从上到下都知道，因此有人想赞美他，也不敢开口。

然而有一个士兵却很聪明，找到了别人没发现的赞美方法，他对拿破仑说：“将军，您是最不喜欢听奉承话的，您真是位英明的人物！”拿破仑听后不仅没有斥责他，反而十分受用。

范例2：

卡耐基小时候是一个公认的坏男孩。在他9岁的时候，父亲把继母娶进家门。当时他们还是居住在乡下的贫苦人家，而继母则来自富有的家庭。

父亲一边向继母介绍卡耐基，一边说：“亲爱的，希望你注意这个全郡最坏的男孩，他已经让我无可奈何了。说不定明天早晨以前，他就会拿石头扔你，或者做出你完全想不到的坏事。”

出乎卡耐基意料的是，继母微笑着走到他面前，托起他的头认真地看着他。接着她回来对丈夫说：“你错了，他不是全郡最坏的男孩，而是全郡最聪明最有创造力的男孩。只不过，他还没有找到发泄热情的地方。”

继母的话说得卡耐基心里热乎乎的，眼泪几乎滚落下来。就是凭着这一句话，他和继母开始建立起友谊。也就是这一句话，成为激励他一生的动力，使他日后创造了成功的28项黄金法则，帮助千千万万的普通人走上成功和致富的道路。

卡耐基14岁时，继母给他买了一部二手打字机，并且对他说，相信你会成为一名作家。卡耐基接受了继母的礼物和期望，并开始向当地的一家报

社投稿。他了解继母的热忱，也很欣赏她的那股热忱，他亲眼看到她用自己的热忱，如何改变了他们的家庭。所以，他不愿意辜负她。

来自继母的这股力量，激发了卡耐基的想象力，激励了他的创造力，使他最终成为美国的富豪和著名作家，成为 20 世纪最有影响的人物之一。

在继母到来之前，没有一个人称赞过他聪明，他的父亲和邻居认定：他就是坏男孩。但是，继母就只说了一句话，便改变了他一生的命运。

分析：

从这二则范例中，我们首先看到的是赞美的伟大力量，而同时，我们还看到了赞美的技巧，当你懂得赞美别人时，对方就会感到非常高兴，并对你产生一种好感。所以，要想增进双方的关系，拉近彼此的距离，不妨找到对方闪光的地方，进行恰当地赞美。

范例 1 中，聪明的士兵抓住的就是拿破仑不爱听奉承话的特点对其进行赞美的，因为在拿破仑看来，自己不爱听奉承话就是个优点，士兵无疑是说到自己心坎儿上了，自然会重用他。

范例 2 中卡耐基的继母也是个聪明人，她看到的也正是一个坏男孩身上别人没发现的优点，一句赞美，让一个坏男孩成为 20 世纪最有影响的人物之一。

找准赞美点，同样是职场人士与领导的相处之道，赞美领导时，也应找准领导的闪光点。

对领导的赞美要适量，小心过犹不及

人最富情感，听取赞扬是人的特殊感情需要。中国人强调中庸，强调做人做事说话不偏不倚，把握分寸。实际上，的确如此，是非对错都没有定论，也没有绝对，就看我们能否把握一定的分寸，拿捏好尺度，就是一种智慧。同样，赞美领导也需要我们把握好尺度。过犹不及，即使是赞美的话，也不可不着边际，长篇大论，应点到即止。

实际工作中，有些人在赞美领导的时候，话匣子一打开，就刹不住闸了，结果泛滥成灾，原本是赞美之言，却丝毫没有赞美之意。其实，赞美也有安全用量，如果过量，就会失去赞美原有的魅力与价值。

职场范例：

夏军是一名行政助理，有一天，奉领导之命，去和另外一个部门的经理商谈部门之间合作的事情。这位部门经理很年轻，而且工作能力很强，夏军想趁此机会巴结一下，万一以后有用得着他的地方呢。

进入办公室后，夏军便赞美起了这位年轻的经理："您如此年轻，就能当上我们这么大一个公司的销售部经理，掌握整个公司的经济命脉，真是了不起！能请教一下，您是哪个大学毕业的吗 ？"

"我没有读大学。"

这时，夏军知道自己说错话了，但他马上反应过来："没有读大学竟然这么年轻就当上了部门经理，真是不容易，很多本科甚至硕士研究生都争不到这个位子呢！天啊，真是了不起，那您什么时候专科毕业的呢？"

"专科？我也没有读过！"

夏军知道自己又说错话了，于是故伎重演："您没上过大学，没上过专科居然能走到今天，可真是个天才，我都不敢相信自己的耳朵了。您真是我们学习的榜样，对了，您怎么这么早就出来工作了呢？"

"因为家里只有我和妹妹，家里穷，为了能让妹妹上学，我就出来干活了。"

“您妹妹也很了不起呀，你们都很了不起呀。”

“她的确没辜负我的期望，现在已经快毕业了，马上念研究生了，我希望她别和我一样，好好读书，爸妈也希望她能成才。”

“您爸妈也很了不起，培养了您和您妹妹这样优秀的人才……”

夏军就这样一问一赞，结果到最后，把那位销售经理的一大家子人全问出来了，还全都称赞了一遍，越扯越远，到最后，居然忘了商谈部门合作的事，而当他想起来的时候，那位经理已经借口很忙，让秘书接走了。后来，夏军才知道，原来那天自己的赞美没完没了，本来刚开始时，那位经理听到几句赞美后，心里很舒服，可是夏军说得太多了，搞得他由原来的高兴变得厌烦了。

分析：

“月满则亏，水满则溢”，任何事情都有一个“量”，赞美领导也是这样，恰当的赞美之言，会让领导很受用，而赞美语言过多，则会过犹不及，失去了新鲜感，就会适得其反。范例中的夏军犯的就是这样的错。

那么，在赞美之言的“量”的把握上，我们应该怎么样做呢？

1. 赞美领导要真诚

不是任何赞美的话，领导都爱听，只有那些发自内心的赞美，领导才能感受到真诚，才会化解为内心的一种愉悦，对你才会有一种真正的好感，而不仅仅是表情上的一个微笑。

2. 赞美要有据可循

凭空的、空泛的赞美谁都会，仅仅是几句好话而已，但这起不到赞美的作用。赞扬领导，要把握其真正的优点、成绩之所在，唯有找准了其品质、才干等闪光点，唯有发自内心，动以真情，为他之美德所景仰，为他之才干所钦佩，这样的赞美之辞才让人听着顺心，才具有鼓舞力。

3. 别一味地赞美

适量的赞美，会让领导听着很舒服，也会很受用，可是，过量的赞美，则会显得做作和虚伪，所以，抓住重点赞美，避免赞美之言泛滥，也是我们在赞美领导时应该注意的。

赞美有度，过于谄媚反而落了下乘

赞美的话人人爱听，身处职场，赞扬领导，还应注意不同的对象特征，把握尺度掌握不同的方法。作为下属，我们不要随意滥用“赞扬”，因为虚假的赞扬实际上是对“尊敬”二字的亵渎。确有敬佩之处，可尽情赞扬，但不要牵强附会，“无病呻吟”式的赞扬。也就是说，我们应注意赞美的“度”，真心赞扬才会赢得领导的好感。

正因为赞美有个“度”，所以，谄媚奉承和真心赞美，拍马溜须和适度恭维之间是有区别和界限的，并不能相提并论。那些口是心非的奉承之词，自然会招人厌恶，但是恰当合适的赞美则会让人喜笑颜开，如果我们能在保住自己尊严的同时，又能让领导舒心一笑，何乐而不为呢？

所以，我们要明白，领导不会拒绝赞美，但前提是，我们的赞美之言必须在一定的“度”之内。

职场范例：

杨晔在一家地产公司的策划部工作，他的顶头上司就是策划部部长，实际工作能力还没杨晔强，但是因为工作年限长，自然也就坐到了这个位置。照说，杨晔和部长的关系应该不好，毕竟两虎相争，必有一伤，但实际上，他们的关系之好在整个公司是出名了的。并不是杨晔处处躲让，而是他会赞美部长。

有一次，公司新出个大案子，那栋楼盘因为情况特殊，指明了要部长策划。其实，这个案子对于部长这个老手来说，并不是难事，三下五除二就给解决了。可好歹也是公司的事，他还是象征性地拿到例会上让大家“见识”一下，也炫耀一下。

当部长把文案拿出来时，立即引起了大家强烈的共鸣：“到底是部长啊！真是技高一筹！”“真是大手笔！”“部长果然是老前辈啊，走过的桥比我们走过的路都多，真是大开眼界，这可是我们以后策划的典范啊！”一时间，部长的耳旁充斥的是各种赞美之词，杨晔并没有搅在这些人当中，细心的他看到部长脸上是一副不屑的表情。

聪明的杨晔想：“如果我现在还用那老掉牙的一套歌功颂德，说不定会被老板归入趋炎附势之辈的行列。”于是他灵机一动，只是用佩服和惊讶的眼神望着部长，并没有多说什么，只是微微地点着头。

事实上，杨晔的这一套还真奏效了。当别人用那些腻语奉承部长的时候，他总是能用独树一帜的方法来赞美部长，以至于后来，他们的关系发展得很好。有一次，公司聚餐，部长喝得有点微醉，他拍着杨晔的肩膀说：“小杨啊，好好干，以后前途一片光明，我知道在咱公司只有你是真心佩服我的……”看到这一幕，很多同事都傻眼了。

第二天，同事们都向杨晔请教与老板沟通的技巧，杨晔倒也不是那种遮遮掩掩的人，在同事们的“威逼利诱”下，自然也就都招了，而且毫无保留地总结道：“我们可是新时代的‘白骨精’，奉承也要讲究方法的，不要总是说那些陈词滥调，这些话部长听多了会腻的，也会觉得你没有诚意。”大家纷纷点头称是。

分析：

范例中杨晔是个聪明的下属，他和领导的关系本命悬一线，可是他却能用别树一帜、恰到好处的赞美将这种情况转危为安，并获得领导特殊的青睐。他在赞美的时候，就注意到了“度”的问题，有时候，有些赞美不必大张旗鼓，只需点到为止即可，但一定要真诚。

很多职场人士认为，工作中，只要踏实肯干就行，认为讨好领导就是卑贱，就是出卖人格和尊严，其实，这种想法也是缺乏理性的思考，更是给自己的个人发展布下了陷阱。

其实，真正的工作并不是手头的一些硬性任务，还包括和领导以及同事搞好关系，只有同事、领导相处融洽，工作起来才会事半功倍。而与领导关系的处理，就显得尤为重要。

言归正传，我们该怎样注意赞美领导的“度”呢？

1. 知己知彼

领导也是人，也会有一些属于他自己的个性、性格和习惯等，这些我们都需要了解。只有了解这些，才会方便与他沟通。

2. 恭维也要真挚

提起恭维，可能我们都会认为是贬义的，是虚假的，其实不然，只要恭维是发自内心的，也是恰到好处的赞美。比如，你可以转换一种方式，用询问和请教的方式与领导畅谈，然后请他指出自己的不足，这样，优点自然就相形见绌了。同时，你还可以拿出记事本，把一些重要的指示记下来，这就更能显示你的诚意了。

3. 恭维要适度

工作中，无论你是不是喜欢你的领导，你都要学会恭维，但在这种情况下，你恭维的话更要适度，不然很容易让领导觉得你是虚情假意的。另外，你需要了解领导的内心世界，才不会让你在恭维的时候“脱离轨道”。只要学会适度赞美，再加上工作踏实认真，你的前途发展必将事半功倍。

用表示谢意的方式表赞美之情

中国有句古话:“人敬我一尺,我敬人一丈。”因为人与人之间的关系本身就是相互的,是互酬互动的,只有懂得付出,才会有所收获。这个简单的道理同样适用于职场,与领导相处,你如何对待领导,领导也会怎样对待你。我们深知赞美的好处,其实,真正的赞美有时候并不需要我们在言辞上如何绞尽脑汁的修饰,当领导帮助我们以后,即使一句小小的“谢谢”,也是一种赞美。这句话在日常生活和工作中,谁都会说,看似平常的一句话,却是我们与领导间良性互动的开始,是促进工作顺利的调节剂。

工作中,一般情况下,领导的工作经验和做人做事的技巧可以为我们所借鉴,领导在工作中也经常可能会给我们以指导,这些,我们都应该感谢,并真诚地表达谢意,能让领导感受到尊重和肯定,这样,为了感谢你的信任和赞美,他会以同样的方式对待你,一句小小的谢意,能换来领导的真心相报,何乐而不为呢?

职场范例:

在这个人才供过于求的社会,和许多大学生一样,刚毕业的严伟还在人才市场滞留着,始终找不到工作的他一直在家闲着,可是为了生活,他还是不停地投简历,不停地面试。可很多时候,那些简历都石沉大海了,但机会总会来的。

定期的人才市场招聘会又开始了,严伟揣着自己的简历来到了人才市场。有一家软件公司要招聘程序员,待遇还不错,离家也比较近。严伟一看,正准备试试。但他一细看,又没有勇气了。因为应聘者多得超乎想象,显然竞争将非常激烈。经过简单的交谈,公司通知他一个星期后参加笔试。

凭着过硬的专业知识，他轻松过了笔试关，公司通知他两天后参加复试。然而，因为他的条件在参加复试的几个人中并不突出，所以最终还是没有被这家公司录用。

其实，这样应聘失败，已经不是一两次了，所以，严伟并没有太伤心，相反，他在这次复试中，还学到了一些以前自己没有接触到的知识，想想，自己还真应该感谢那家公司。于是，他回家以后，打开电脑，怀着一颗感激的心，给该公司邮箱投了一封信，内容是这样的："贵公司花费人力、物力，为我提供了笔试、复试的机会。虽然没能被录用，但通过应聘使我增长了见识，并受益匪浅。感谢你们为之付出的辛劳，谢谢！"

负责人事工作的人员看到了这封信，都很惊讶，就把这封信转给老总看，老总当时并没有说什么，只是微笑着点了点头。而奇怪的是，严伟居然收到了那家公司的受聘书，并且，还附有一封回信，是老总亲自写的，内容是："尊敬的严先生，如果您愿意，请来我们公司上班，您这样的人才，是委实不多的。落聘的你非但没有任何怨言，竟然还给公司写来了感谢信，这是其他落聘者从来没有做过的。我相信，一个懂得感恩的人更懂得付出和珍惜。"

果然，严伟高高兴兴上班去了，并且在不到一年的时间内，就成绩显著，受到了老板的重用。而身居要职后的他，仍然不忘感激，在每年受聘纪念日当天，他都会把一张写着感谢话语的小卡片放在老总的桌上。

分析：

严伟的成功另类独特，并不是说他在工作能力上有什么过人之处，而是在细节上感动了领导，自然在工作中如鱼得水。当今社会，竞争日益激烈，我们要想获得成功，除了要有一定的真才实干以外，还要学会和领导相处，适时地表达自己的谢意，偶尔对领导说一句"感谢您的栽培"、"谢谢您的信

任”等，这些简简单单的话，作用巨大，因为，表达谢意也是一种赞美，你在感谢领导的同时，传达的更多的是对他的肯定，自然，你就能俘获他的心灵了。一旦领导感觉到你的感激之情，他就很可能会投桃报李，对你更加好。

当你在工作中遇到麻烦或困难时，得到了领导的帮助之后，对领导的帮助一定要表示由衷的感谢，这是做人的基本要求。不过，你要知道如何感谢，这也是有点讲究的：

1. 及时感谢，以示真诚

有时候，领导帮助你可能是因为工作需要，并没有希望你回报，但这并不代表你可以无视他的帮助，相反，你一定要及时感谢，因为即使过后你想感谢的话，会让领导觉得没来由，有“无事不登三宝殿”的嫌疑，及时感谢才显真诚。

2. 要掌握好感谢的度

和做其他事情一样，感谢领导也要掌握分寸，力求适度，过分和不足都有所不妥。

3. 别功利性地处理感谢和帮助的问题

帮助与感谢是一种感情的交流行为，并不是交易，功利化的处理给人的感觉就是动机不纯。

总之，别人帮助了你，你就一定要用行动或者语言，对别人表示感谢。须知，这样是对其的一种肯定和赞美。

与领导沟通不可或缺的赞美技巧

所谓拍马屁，多是指部属遵从、附和领导，目的不外乎是借着讨好领导，在组织里获得个人加薪和升迁的机会。现实生活中，当我们一提及“拍马屁”这三个字的时候，总会联想到历史上那些奸诈小人，他们为了前程、利益失去尊严，溜须拍马、阿谀奉承，我们会认为拍马屁是件龌龊至极的事情，可是我们想过没有，这些人身上也有值得我们学习的地方，那就是如何有效地沟通。

中国几千年的传统观念认为，道德高尚的人是刚正不阿的，绝不会做讨好他人、拍马屁的事，似乎只有不善言语的人才是正人君子，而那些能言善辩的人就被认为是谄媚之人。而正是因为这样的错误观念沿袭至今，职场中，很多人把拍马屁和有效沟通混为一谈，对于领导，唯恐避之不及，生怕同事的闲言碎语，久而久之，似乎只有远离领导，孤立领导，才是自己“无欲则刚”的良好道德体现。

实际上，当今职场，工作能力固然重要，但是否会说话已经成为决定你职场命运的重要标准。那些固守成规，不愿意打破话语警戒的人，只能眼巴巴地看着别人升职、加薪，然后吃不着葡萄说葡萄酸，丢下一句：“不就是拍马屁换来的吗？有什么了不起！”殊不知，拍马屁是一种赞美，马屁要想拍得好，也是需要技巧的。

职场范例：

石磊和王杰在同一家公司工作，大学时代两人就是同学，毕业后机缘巧合，又被同一家公司聘用，于是，就成了室友。可是不到一年的时间，两人在公司的地位就有了明显的变化。这两人做人做事的风格迥异，石磊是个说一不二的人，不懂得变通；而王杰则善于变通，说话，做事都恰到好处，很受领导喜欢。很快，王杰就受到了重用，而石磊还是原地踏步，很多同事挑拨离间，说王杰不仅会拍马屁，还在领导跟前说石磊的坏话，石磊信以为真，但是出于朋友关系，也没说什么。

有一天晚上，两人为看哪个台的电视吵了起来，石磊随即扔出一句话：“哼，马屁精！”王杰知道石磊是受人的挑拨了，正准备解释，石磊又说：“我就

最看不上你这种溜须拍马的人了，就懂得耍嘴皮子！”就这样，两人一直冷战，但一到公司，王杰还是那么受欢迎，当他当上部门领导后，也体验着被下属赞美的奇妙感觉。前些天的一次会议发言之后，他手底下的那几个小美女一下子围拢过来：“老大，你讲得太棒了！”“就是，真给咱们部门长脸！”“下回有机会教我们两招！”……王杰嘴上不说，但心里已经乐开了花。

分析：

王杰和石磊有不同的职场命运，一个如鱼得水，一个毫无起色，主要原因就在于两人处理与上司的关系的方式不同。虽然石磊对于王杰向上司拍马屁的方式很不屑，但实际上，拍马屁也需要一定的技巧和能力，那些溢美之词确实有一种让人难以抗拒的魔力，但如何说话，却又是一门学问。马屁拍得好，就是建立职场沟通渠道的有效方式之一。

正如黑格尔有一句名言，“存在即合理”，拍马屁固然被很多志士仁人所不齿，但却在中国存在了几千年并一直延续着，成为很多人升官发财的一个手段之一，必定也有其一定的道理。

事实上，有很多职场人士对拍马屁深恶痛绝，并总是对那些会拍马屁的人指指点点。其实，这是一种嫉妒，嫉妒别人会拍马屁，怕自己偷鸡不成蚀把米，怕赔了夫人又折兵，怕被领导看出破绽等，于是，只好本分说话，本分做事。那么，要想马屁拍得好需要哪些技巧呢？

1. 知己知彼，马屁要拍准

一些职场中人，本想恭维一下领导，却对领导的一些性格、性情等并不了解，只顾说一些好话，遇到刚正不阿的领导，本也喜欢一些溢美之词，但却由于那些恭维话说得毫无新意，全是客套话，并心生反感，这就是马屁没拍好。只有针对领导具体的嗜好、优点等方面进行赞美，才能收到展示自我、迎合领导意图的最佳效果。

2. 背后拍马屁效果更佳

因为当着领导的面夸赞领导,很容易招致同事的轻蔑、排斥甚至是排挤。为了恭维领导而得罪同事,这并不可取,毕竟与我们共事较多的还是同事,而且,这种正面歌功颂德的方式能够产生的效果并不大,甚至还会有负效果。

3. 工作才是硬道理

我们要记住,工作才是硬道理,拍马屁只是与领导相处时的一种说话策略而已,并不是我们的主要工作,如果一个人整天为了拍领导马屁而费尽心思、处心积虑,那么,这就真的会让人心生厌恶了。

夸赞也需耳目一新

任何人都不会拒绝赞美,即使是那些仁人志士与正人君子。而作为具有一定地位的领导,其实,更需要别人的赞扬,因为这是对他能力和地位的一种肯定。作为下属,我们只有满足他这种心理需求,巧妙恭维,把话说到领导心坎儿上,自然就会让领导脸上有光,而对于我们自己,自然也就更能拉近和领导的距离,有助于工作的顺利进行。

其实,我们明白,自古至今,就拿中国人常说的为官之道来说,有些人平步青云,而有些人劳苦功高却得不到重用,我们不得不承认这"道"的作用。会说话、善于恭维领导的人自然让领导喜欢,而那些远离领导,唯恐避之不及的人,升职、加薪也就与之无缘了。

职场范例:

孙童是市文化局的一名文员,文化局张局长过生日那天,他和局里的其他同事一起,略备薄礼,来看望老爷子,一阵寒暄过后,话题很快就落在了国画上。

孙童想恭维一下老局长，便谦虚地说：“张局长，这些年我虽然努力练习国画，自认也有了一点进步，可总是感觉不得要领，能请您稍稍透露一点‘秘诀’吗？”张局长听了之后马上来了兴致，滔滔不绝地讲起了他的绘画“经”来，“我最大的体会是，国画最讲究的是神韵，不是画得越多，就能画出‘神来’，要用心去体会，去领悟……”孙童很高兴地说：“现在得您‘真传’，以后我一定用心去画，相信肯定能大有长进。”张局长很开心，在临别时还送了他几幅自己的作品。

而后来，张局长还几次邀请孙童一起切磋绘画艺术，在提干的时候，他的建议起了很大的作用。

职场范例：

明朝建立后的某一天，明太祖朱元璋在大殿上想，江南之地已归己有，便命画工将江南山川画于殿壁之上。画工答道：“臣未遍迹山川，且才识浅薄，不敢奉诏。”朱元璋勃然大怒：“小奴才，胆敢违旨抗命，可否知罪？”于是命刀斧手将画工推出去斩首。此时画工急中生智道：“陛下息怒。您遍历九州，见多识广，而且是您的江山，您了如指掌，有劳陛下先画个轮廓。”朱元璋一听，果然转怒为喜，然后挥笔画出了一个轮廓，让画工开始润色。这时画工却说：“陛下江山已定，岂可动摇。”没想到，这句话说得朱元璋心头大喜，不但免去了画工的死罪，还赏了他三百两银子。

分析：

职场范例中孙童的恭维功夫可以说是炉火纯青的，可谓是滴水不漏，把赞美送到领导耳朵里又不露半点儿谄媚之嫌，这才是恰到好处的恭维。

范例中工匠的恭维更是不露声色，巧妙绝伦，是恭维而又非恭维，让朱

元璋听了大为高兴。

从这两则范例中,我们可以发现一点,那就是,恭维一定要巧妙,就拿领导的爱好来说,如果你只恭维他的爱好,这样的话他听得太多了,必定不会引起他多大的兴趣,而假如你能虚心地讨教一番,作毕恭毕敬状,他必定会耐心地向你传授其中的奥秘,而最重要的是,你达到了恭维的效果。

工作中,当我们遇到了难题的时候,不妨学会示弱,然后你可以向领导请教或者让领导做出指示,这样做,也是肯定领导的一种方式。

赞美是一门学问,恭维是一门功夫,里面的名堂可不少。在职场中,并不是所有向领导表示称颂的人都能得到领导的欢心,恭维必须恰如其分,夸赞必须掌握尺度。恰当的恭维,会令领导很受用,但不合适的赞美,只会给自己添麻烦。总之,我们要注意以下几点:

1. 寻找最佳的恭维方式

即使是同一件事,我们恭维的方式也有所不同,从范例中,我们发现,工匠就不是直接恭维的,这远比直接夸奖朱元璋的丰功伟业好得多,这就要求我们在与领导交谈的时候,一定要多想,尽量寻找一个最佳的恭维方式。

2. 别出心裁,让领导耳目一新

领导并非是对称赞自己越多的下属就越喜欢。当听到某个下属千篇一律的恭维话时,即使知道对方的态度是真诚的,听得太多也会腻的。而这时,如果你能出其不意地说出一些领导没听过的恭维话,领导往往会十分重视这种赞扬的价值。

第6章

有要点，巧妙表达能赢得领导的信任

职场这个人生舞台，既会有委屈，也会有惊喜，同时也会伴有让你搞不懂的是是非非，可以说是像雾像雨又像风。但一个聪明的职场人士，一定会把握根本，那就是取得领导的信任，这样，才算是雾里看花，找准了职场努力的方向。而忠诚也是需要表达的，与上司经常进行有效的沟通，获取领导的信任，可以帮你营造出一个融洽和谐的工作环境，这也是事业取得成功的必要条件。

汇报工作要主动，让领导信任你

人际沟通是一门学问。一个人来到一个企业，很重要的一件事情就是要学会与人沟通，不仅要与同事沟通，更要与领导沟通。与领导沟通，无论对于工作，还是与领导的相处，都有很重要的作用，对日后在职场的发展都有重要的意义。

作为一个下属，免不了要和领导在工作上有往来，我们要想赢得上司的信任，就必须学会主动汇报工作，以此给上司吃一颗定心丸。

职场范例：

黄伟明是一名外贸公司的部门经理，由于平时事情多，工作很繁忙，忘记了对领导汇报工作。有一天，他在开会时批评下属说："你们现在好像一天都很忙啊，都不汇报工作了。"可是，会后，他听见员工们说："黄总光会说我们，他自己好像也有十天半个月没有去总经理办公室了吧。"这话倒提醒了黄伟明，他想，这段时间，工作是很忙。但是也没有忙到没有时间去向上司汇报工作情况的程度，怪不得总经理这些天好像都对自己有意见似的。如果每天、或者每两天抽出一个小时的时间走进上司的办公室，向他汇报自己的工作，可能就不会是这样的情况了！

想到这里，黄伟明立即安排秘书为自己做工作的详细记录，第二天他走进上司的办公室，对老总说："总经理，这是我近来的工作进度，请您审查。"上司对他流露出微笑："有进步啊！"黄伟明也报以微笑。

分析：

从范例中，我们发现，在与领导沟通时，主动的态度十分重要。主动汇报工作，与领导及时交流，不仅能及时更正错误和不当的工作方法，还能让领导放心。

作为下属，相对于领导来说，一般都是工作不久、阅历较浅、工作热情高、富有开创性，但是经验尚缺，及时汇报工作，可及时更正。同时，及时上报工作，使你能够及时提出一些设想和建议，但实际上，很多下属往往慑于周围人际环境的压力，唯恐领导责备自己，害怕见到领导，不主动汇报工作，也失去了展示才华的机会，更重要的是，也失去了上司的信任。

那么，在向领导汇报工作的时候，我们该注意些什么呢？

1. 善于服从

古往今来，上下级之间，下级服从上级，这是天经地义的事，当今职场，这一规则更是不可动摇，我们要坚持"服从第一"的原则。但我们更要做到的是善于服从，不能让领导觉得我们只是接受命令的机器与玩偶。那么，我们就必须掌握服从的技巧和艺术：

（1）对绝对强势的领导，配合其执行工作，保存自己是上策。

（2）适当表现自己，通过你的才华来引起领导的注意。

（3）找准表现的时机，展示自己的魄力与胆识，敢于担当。

（4）适当示弱，很多领导并不希望通过单纯的发号施令来推动下属开展工作。

2. 关键地方多请示

聪明的下属善于在关键处多向领导请示，征求他的意见和看法。首先，这能显示你充分尊重领导，相信领导的能力。再者，也能有效避免工作失误的出现。但作为下属，我们不能事无巨细地汇报、请示，这会招致百忙中的领导的反感和厌恶。那么，何为关键呢？即“关键事情”、“关键地方”、“关键时刻”、“关键原因”、“关键方式”。

3. 掌握汇报工作的方法

在完成任务之后，你应如何汇报工作？在做汇报准备时，要把汇报的内容整理记录好，对比较复杂的情况要写成正式报告材料；汇报时，首先汇报结论，然后介绍经过及补充说明。但汇报的内容应都是事实，不要随意加上自己的臆测。

写出高质量的工作报告应该是一名合格职员应具备的能力。工作报告要求既从宏观上把握，又能突出要点，层次清晰、论证明确、条理清楚、主次分明，文笔要求朴实、贴切。工作报告是上司对你进行考察的主要依据，所以一份高质量的工作报告对你至关重要。

如果你是新上任的部门主管，更要谨记及时写工作计划并交给上司审阅，计划以务实、可行为原则。每期工作结束时附以翔实的工作报告，会给你的上司留下能干的印象。

越是职位高的人，需要处理的事就越多，有时候不可能每件事都亲自过问。上司把某项工作交给你，是对你的信任，是对你工作能力的肯定。如果遇到鸡毛蒜皮的事也去向上司请示汇报，上司就会怀疑你的能力了。

区区小事可以在自己的权限之内，凭自己的判断，把事情处理好；对于权限之外的事，则不要自作主张，应该即刻向上级请示，否则，就有可能被上司认为是越权。

4. 工作上要有独立性

领导整天事务繁忙，不可能面面俱到，虽然抉择权在领导手里，但领导还是希望自己的下属能够让自己省心，可以独当一面地工作，而且，能帮助领导分忧，也是一个下属的职责之一。

锻炼工作的独立性应从以下几个方面着手：

(1)要有独立的见解。

(2)能够独立地承担一些重量级的任务。

(3)能够把被同事忽略的事情承担下来。

快乐地工作,领导会更赏识你

我们每天为工作辛苦着、忙碌着,我们何曾问过自己,我工作的目的是什么?仅仅是为了拿到养家糊口的薪水吗?如果是这样的话,你肯定不快乐,工作压力也就油然而生,工作时间的8小时会度日如年。其实,压力都是自己给的,学会享受工作,才能快乐工作。而作为领导,更希望自己的下属干一行,爱一行,积极热情地投入工作,只有这样的下属,领导才会给予充分的信任。

古人云,既来之则安之,当我们选择了一份工作时,就要把它当成发挥自己能力和价值的平台,在这个平台上,将自己的潜能激发出来,慢慢你就会热爱自己的工作。而这个道理运用到和领导相处的过程中,就要求我们告诉领导,你现在工作得很快乐,你的工作状态很好,你能精力充沛地工作,当领导了解这些以后,自然就会信任你,你就成了一个令他放心的下属。

职场范例:

王玲和她的同学们不一样,她的运气很好,大学毕业,当别人还在焦头烂额地忙着找工作时,她已经和一家大型公司签约,她面试的第一份工作就成功了,一切看起来那么顺理成章,并不像其他人说得那样复杂。只记得,当时面试的时候,一个主考官问她想不想来这里上班,她说,当然想了。他问为什么,王玲笑着回答:“因为我喜欢这里的工作环境。”

主考官报以一笑，问道："我想知道你说的工作环境是怎样的？"

"那天，我来面试的时候，每个人都对我笑，还都热情地和我打招呼，我面试的时候，几个考官也对我笑脸相迎，大家都是那么友好，在这样一个环境中工作，肯定会心情愉快的，另外，整个公司的作息制度我也很喜欢，与我的作息时间刚好相符。"

主考官沉默了一会儿，和其他几个考官说了些什么，让王玲回去等通知，很快，王玲就被录取了，而且薪酬、待遇都还不错。

于是，王玲就这样在这家公司上班了，一切都很合乎她的习惯，上起班来自然心情也很愉快。有一天下班后，王玲在公司门口遇到了领导，领导关心地问王玲："还习惯吗？"王玲笑着说："当然习惯了！比上学的时候好，也很有成就感！"领导笑了："小丫头不错，继续努力，好好工作啊！"王玲很爽快地回答："是！"

王玲在公司本本分分地工作着，和那些普通员工一样，没有什么突出成绩，但也没犯什么错误，到开会的时候，大家都争先恐后地向领导汇报自己的成绩，而王玲则笑着说："好像也就是一点点，不多，就是感觉挺快乐的！"

领导又问她："你为什么总感觉这么快乐呀？"王玲笑着说："因为我特别喜欢这个工作，做自己喜欢的事情，自然很快乐了！"领导会心地笑了。

后来，有一次上司对王玲说："你的工作情绪不错，整天开心地工作着。这样的情绪对其他同事也是一个促进，别人看见你开心也会跟着开心起来的，相反如果你不快乐，整天愁眉不展，同事看到后也会感觉不开心，对工作就会产生抵触心理，对工作是非常不利的！"

这时候，王玲终于明白，原来自己的制胜法宝竟然是"快乐"！

分析：

王玲领导的话可以说是说出了很多领导的真实想法，每个领导都希望自己的下属能把快乐传递给身边的每一个员工，大家的工作情绪调动起来以后，工作效率就会大大提升。所以，领导一般会对那些快乐工作的人给予充分的信任。

那么，怎样让你的上司认为你在这里工作地非常愉快呢？除了要自身快乐地投入工作中之外，还要在语言上表现出你的快乐。那么，在向上司表达这种快乐的时候，我们应该注意些什么呢？

（1）和上司说话时，把声音放低，这样听起来平稳、和谐，也更显得魅力十足，你内心的快乐也会很快传递给你的上司；当上司交给你一份新任务的时候，多说“我行”、“我可以”、“我能做的”、“我会做好的”之类的话，你的自我感觉会更好，上司也会增加对你的信心。

（2）在说话的同时还要注意肢体语言表达的技巧。如说话的时候眼睛要看着对方，配合一些手势，并面带微笑，这样可以增强语言的感染力。

（3）不要将不快乐的信息传递给上司。如说话吞吞吐吐，总带有“嗯”、“啊”、“这个”之类的赘词；或者说一些让人感觉到你不快乐的口头禅等。

学点口才技巧，把你的工作成绩说出来

身处职场，我们要想得到领导的肯定和认可，想要得到升迁、加薪的机会，就必须学会和领导沟通，只会努力工作是不够的，还要让领导看到你的成绩。能力相仿的两个人，会沟通、会展示成绩的人肯定更容易受到重用和信任。我们看看下面这个故事：

一位教徒问神父：“我可以在祈祷时抽烟吗？”他的请求遭到神父的严厉斥责。而另一位教徒又去问神父：“我可以吸烟时祈祷吗？”后一个教徒的请求却得到了允许，悠闲地抽起了烟。

从这个故事中，我们可以看出，同样一个问题，其表达方式不同，得到的结果就不同！可见，说话也需要技巧！

工作中，我们需要这样的技巧，我们应该学会巧妙地将自己的成绩传达给领导。毕竟，当今社会已经是一个信息化的时代，光会做事远远不够，还要会说，表达出来，才能得到认可，一味地工作，并不能让上司看到，即使你累得半死，也与升职、加薪无缘！

职场范例1：

徐雯自从大学毕业后就在一家广告公司工作，她为人本分，工作更是勤勤恳恳，因为她觉得，只要努力工作，就一定会有出头之日，领导的眼睛是雪亮的，谁真正付出了，领导也会看得到，因此，每当大家都拼了命地往自己身上揽功时，她却说："其实，我也没有做什么，都是在大家的帮助和努力下完成的！"久而久之，领导也觉得她这个人平平淡淡，真的是没做出什么成绩。

后来，还是她的一个好朋友问她："你在公司这么些年，怎么也不见你升职啊？"徐雯把自己的想法对她说了一遍，而当徐雯说完以后，她觉得很可笑，她对徐雯说："你那样的回答不会让上司觉得你这是谦虚，他会觉得你是真的什么都没有做。"在听了朋友的劝告之后，徐雯如梦初醒，于是，她就进行了调整。有一次，她只花了一个星期就成交了一笔大业务！于是，她开始趁热打铁，显示自己的成绩。

一个偶然的机会，徐雯假装不经意地提起："我刚和一个朋友谈完，就成交了这笔生意！前后还不到一周的时间。"

领导果真非常高兴，他建议徐雯告诉公司的公关部门，好让公司同仁知道这笔进账。再后来，她又为公司立了几次功，徐雯果真就被调到了公关部门做了主管。

职场范例2：

刘明在一家网络公司做编程，他在公司有个好朋友叫周维，平时两人一起上下班，一起完成工作，关系甚好。但是有一次刘明突然发现，原来周维是个心术不正的人，当面和你好，背后却总是一个人抢功劳。性子急的刘明开始在办公室抱怨起来，没想到上司正好经过这里，一听到刘明的抱怨，他就来了劲儿："你不工作在这儿闲聊什么呢？"

这时候，刘明心里更加郁闷了，但是却不知道怎么辩解才好。他暗想，一定要为自己讨回公道。

后来，领导指派了一项模块开发的任务，让刘明和周维一起完成。而在测试时，刘明发现周维负责的部分代码存在问题，可能导致界面无法正常显示。领导视察的时候，周维一直住自己身上揽功，刘明也就跟随着他附和。

终于到了周维负责的那段代码，界面怎么也出不来，他情急之下故伎重演："这部分是刘明写的吧？"上司听了不禁皱起眉头："到底是谁负责的？"而聪明的刘明假装忘记了是谁写的，周维赶紧把责任推到他的身上去。而刘明在领导的面前从容不迫，很快就解决了问题。领导冲刘明笑了笑："原来一直都是你的功劳啊！"

刘明笑着说："是大家的功劳！"领导满意地点了点头。从此，刘明的地位提了上去，大家笑着说，刘明终于不再做幕后英雄了！

分析：

范例1中的徐雯展示成绩的方式是不露痕迹的，是一种间接方式，这样，既能表了功，还能让上司刮目相看。

范例2中的刘明略施小计就使自己从幕后英雄成了台前英雄，让领导对自己的印象大为改观。

职场中，的确有很多这样的下属，因为有功而不会露，只能顾影自怜，受不到重用。所以，不管自己做了多少事情，付出了多少努力，如果自己不提，不会有人帮你去告诉上司。而上司也不会将自己的注意力集中在某个员工的业绩上，他们关心的是整个公司的运转。

那么，我们该怎样向上司表露成绩呢？

1. 提前大胆提出你的建议

很多时候，你在不经意间提出的想法和创意很可能被你的同事拿去用了。因此，当我们有建议的时候，一定要提前提出来，但向上司提建议是有很大学问的，一定要选择时机，切忌在他心情不好的时候或用不妥的方法提出。

大多数上司虽然谈不上日理万机，但通常也非常忙碌，很多事情都需要他亲自过问，于是，领导的情绪也会时常变化，心情自然就有好有坏，所以，我们在提出建议的时候，一定要找准时机。当他心情好的时候，有些建议尽管不太中听，但那时他心情好，自然也能够接受；如果他工作没做好或者家中有什么不快的事，或者被上司批评了他正憋着一肚子火无处可发，你这时提建议，特别是刺耳的良言，那就正好撞在枪口上了。即使你的建议好得让他不能不采纳，但他也不会记着你的功，反而会因为你当时戳着他的痛处而记恨你，甚至找机会给你点颜色看看。

如果建议对公司有益，最好在开会时提出，但切忌指责上司。你想提出与上司不同的意见，可以在私下里单独向上司提。因为别人听不到，加上你的态度谦虚诚恳，上司肯定会慎重考虑的。

2. 实事求是维护自己的利益

在功劳面前，不要逆来顺受，也不要过分谦让，应大胆地向领导要求自己应得的奖励。“丑话说在前头”，在接受任务时谈好报酬更易让领导接受。争利要把握好度，既不争小利，不计较小得失，又不得过分争利。

向领导要求利益大有学问,关键要掌握好火候和技巧。

(1)执行重大任务以前,先争取领导的承诺。

(2)要求利益要把握好“度”,见机行事。

每当做完自认为圆满的工作,要记得向上司、同事报告,别怕人看见你的光亮;当有人来抢夺属于你的功劳时,也要坚决捍卫。

表现对领导的忠诚让你更得领导欢心

所谓忠诚,即为尽心竭力,赤诚无私。企业员工的忠诚度是指员工对于企业所表现出来的行为指向和心理归属,即员工对所服务的企业尽心竭力的奉献程度。作为员工,你的忠诚度如何,决定了你的工作业绩,维系了员工与组织之间的稳定关系。

没有一个公司喜欢“叛徒”,日本索尼公司有这样一句话:“如果想进入公司,请拿出你的忠诚来。”这是每一个意欲进入日本索尼公司的应聘者常听到的一句话。索尼公司认为:一个不忠于公司的人,再有能力,也不能被录用,因为他可能为公司带来比能力平庸者更大的破坏,索尼公司不喜欢“叛徒”。忠诚是职场中人最应值得重视的美德,因为每个公司的发展和壮大都是靠员工的忠诚来维持的,如果所有的员工对公司都不忠诚,那这个公司的结局就只有破产,那些不忠诚的员工自然也会失业。

同样,领导也一样,上司或老板均颇喜欢忠诚的下属为其所用和相伴左右。事实上,任何人均不能容忍或原谅别人对其不忠诚,尤以领导为甚。要知道,谁也不愿意在自己身边安插一个时刻对自己有二心的人,这无异于给自己身边安了一颗定时炸弹。即使这样的下属工作再卖力,表现再好,也很难获得重用。

职场范例：

戴维在一家科研单位工作，工作能力很强，但是却因为一天嘻嘻哈哈，感觉对什么都无所谓，在竞争主任的位置时，居然被能力比他低的人挤下去了。他倒也无所谓，但是，后来在领导推荐优秀人员参加科研组织的时候依然没有他的名字……

后来，戴维去找领导谈话，想问个究竟，没想到领导吃惊地看着他："你不是不喜欢科研工作吗？你不是一直想调到文化部门吗？"戴维当时生气地说："可是我取得了很多成绩呀？"领导笑着说："可是，我们觉得一个人只有安心在自己的岗位上工作，并忠于自己的工作，才能取得更大的成绩，才会给单位带来成果。所以，我们以长远的目光来看，挑选的都是有恒心、有毅力的同志。也许你现在的成绩很优秀，但是是否能坚持下来长期做科研，还是我们需要考虑的问题。"戴维一听，有点儿急了："谁说我坚持不下来？我一直很忠于我自己的工作。"上司满脸惊讶地说："是吗？你记得你第一次完成一项科研成果的时候，我问你感觉怎样？你说'没劲'。"戴维想起来了，自己确实是这么说的，但那只是个口头禅而已。

领导接着说："我也一直很看好你，可是每次你都说'没劲'，时间长了，我就对你失去信心了。一个整天觉得自己工作没劲的人，怎么能坚持下来一直搞科研呢？毕竟这是一份很枯燥辛苦的工作！我们需要的是能忠于自己、忠于科研的人，你看和你一起进单位的成刚吧，他每次有科研成果的时候，都会主动找我讨论，并且总是说：'谢谢您的栽培，您放心，我一定会继续努力，不辜负您的期望！'知道为什么人家比你进步得快了吧。"戴维如梦初醒。

分析：

忠诚，可以说是现代社会的谋职理念，每个组织都需要对组织忠心不二的成员，每个领导也需要对自己、对工作忠心的下属。范例中的下属戴维并不是不忠诚于自己的工作和领导，只是不会表达，透露给了领导错误的信息，以至于失去升迁的机会。

有人说，对于那些忠诚于自己的员工，老板的心里是非常清楚的。的确，也许他正在对你进行各种考察和关注，正在利用各种各样的工作培养锻炼你，正在寻找机会重用你，充分发挥你的聪明才智和各种潜能，为你的职业生涯发展提供了便利条件。但实际上，很多领导日理万机，不可能对每个员工的动态都能做出准确的判断。我们对领导、工作的忠诚，也要表达出来，才能赢得领导的信任。

那么，我们该怎么做呢？

1. 学会服从

我们做事要站在上司的立场上去考量，对上司尤其是老板的指令与意见要由衷尊重并全力以赴；对公司或团队要尽力维护并确保形象，有时更需要耐心接受上司或老板冗长的说教等。

2. 把握时机

逆境就是表现我们忠诚的最好时机。当公司经营遇到困境之际，你能坚守岗位全力为领导分劳解忧，丝毫不临危逃退或乱结帮派。

身在职场，如果你想获得领导的信任与重用，并将你视为信服或者得力助手，你就要学会表达你的忠诚，这对于你的职场生涯将会有很大的帮助，可助你在职场游刃有余！

领导面前别要花样，任何问题坦诚相告

职场中，有那么一些人，即使他遭遇苦难，他熠熠闪光的精神也会让周

围的人肃然起敬，因为他坦诚；也有那么一些人，即使爬得再高，也为人所不齿，因为他品质不正。对于领导也一样，没有领导喜欢那些华而不实的下属。的确，如果我们能坦诚地对待领导，他也会坦诚地对待你；当你的职业精神增加一分，别人对你的尊敬也会增加一分。不管你的能力如何，只要你真正表现出对领导足够的坦诚，你就能赢得他的信赖。

在工作中，下属想要赢得领导的肯定和支持，很重要的一点是要让领导感受到你的坦诚。工作中的事情不要对领导保密或隐瞒，要以开放而坦诚的态度与领导交往，这样领导才会觉得你可以信赖，他才能以一种真心交流的态度与你相处。以理服人不是说服领导的最高原则，如果没有让领导感受到你的坦诚，即使你把一项事情的道理讲得非常明白，实际上一点用也没有，因为人是有强烈感情色彩的动物，生活中情大于理的情况比比皆是，在感情与道理之间，人往往会侧重于感情，领导者当然也不例外。来到一个单位后，第一件需要做的事情就是要与人坦诚相待，给人留下坦诚的印象。

职场范例：

朱蕾与王欣儿同在一家工艺品公司上班，由于年纪尚小，经验尚浅，她们暂时被安排在部门的一些可有可无的岗位上工作，平时也就是送送东西、传传文件什么的，连她们自己都觉得自己是打杂的。但是进这个公司实属不易，她们认为这是领导在考验自己，时间长了领导自然就会提拔的。因此，两人表现得也就很积极。

有一天，主任让她们把一个花瓶送到市里的一个文化单位，据说是该单位某某领导钦点的，朱蕾和王欣儿两人保证一定安全送到。

但摩托车开到半路的时候，迎面冲过来一个人，正好撞在车上，急刹车后，花瓶也飞了出去，而那个人也受了伤，朱蕾和王欣儿当时就吓得魂飞魄散，工作肯定保不住了。正当她们手足无措时，朱蕾什么也没管，骑上车子先把人送到医院。

回到公司以后，王欣儿刚从办公室出来，看样子领导是问过话了。敲开门进去，领导气急败坏，问朱蕾："这到底是怎么回事？"

朱蕾很镇静地回答："领导，这件事完全是我的错，花瓶是我摔碎的，我会赔偿，您也可以开除我，但当时人我必须救，所以，我才会现在回来认错，不关王欣儿的事，车是我骑的。"一通话说完，领导也没说什么，只是让她出去歇歇。

朱蕾正准备收拾东西，准备写辞职信的时候，领导秘书却通知王欣儿以后不用来上班了，而朱蕾被聘为产品检测部的主管。他的理由是，不论对错与否，坦诚最重要！时候，朱蕾才知道，王欣儿在办公室把责任全推给了朱蕾，而这点小伎俩，自然逃不过领导的眼睛。

分析：

范例中，朱蕾与王欣儿因为一件小事，显示出两种完全不同的品质，王欣儿为了一己私利，将全部责任推给了朱蕾，而朱蕾却很坦诚，并能够主动承担，这一点，决定了两个人最后完全不同的职场命运。

其实，我们要知道，在领导面前花言巧语，耍小伎俩，大多会被领导看穿，有时候，无论什么事情，只要我们坦诚相告，无论功过是非，领导心中都自有定论，过多的解释和美化，反而会招致领导的反感。

那么，当我们与领导交流的时候，怎样才能让领导感受到我们的真诚呢？

1. 尊重领导

领导需要绝对的权威，做下属第一点要做的就是尊重领导，我们在与领导说话的时候，不要图一时口快，或者意气用事让你的前途从此蒙上阴影。

态度决定一切，忠诚高于一切是领导信奉的原则。

2. 学会积极倾听

坦诚并不需要夸夸其谈，而是一种态度，做领导的听众，他自然能感受到你的坦诚，因为沟通本来就是双向行为，当领导对你的工作或者人品等进行指点的时候，你必须学会倾听，在对方有意与你进行沟通时，你要做出一副感兴趣的样子，并积极配合对方的言论。

3. 准确领会上司的意图

聪明的下属会揣度领导的心意，根据领导的想法决定自己的工作方向，领会领导的意图，我们应该做到：积极配合领导的二作，一切工作都是从接受上级指示和命令开始的。上司要委派工作时，我们应立即停下自己手中的工作，准备记录。在领导指派任务时，不要质疑领导的话，更不要随意打岔。同时，准确理解领导关于任务的完成期限、要求以及标准等。

事后和领导交流意见的不同看法。如果上司做出的决策确实与你的想法很不同，甚至违背了你的初衷，你万不可当场与领导争执，你不妨首先执行这个决策，然后私下里找上司交流一下，提出你的看法，通过交流弄清上司做出此等决策的意图。这样，你才能知道在实际工作中，通过何种途径来更好地完成任务。

不过，无条件执行并不表示不能没有个人看法，但是领导关于全局的把握往往比作为下属的我们更全面，因此，即使我们在表达自己个人意见的时候，也不要全盘否定上司。

设身处地体谅领导的工作难处

每一个“我”，在别人眼里都是他人；“我”和“我们”之间，是以他人作连接点的。没有他人的合作,“我们”必定是脆弱的甚至是不堪一击的。当今社会,协作意识越来越重要,而协作的前提就是要站在他人的角度考虑问题,要学会体谅和宽容,善于妥协和让步。这样,就能够与别人心息相通,解嫌消怨,化解矛盾,融洽感情,增强彼此之间的相互理解和团结。

身处职场,人人都有难念的经。不论是领导干部,还是普通员工,每个人都可能有难办事、烦心事、头痛事,比如,工作上的责任和压力,生活上的困难和问题,个人不能与外人道的难言之隐,等等。只有体谅他人的难处,才能增进理解,相互谅解。

我们与领导之间也是一样,我们不妨设身处地想一想,如果自己处在领导的位置上,面对重大责任和压力会怎么办?某个棘手问题放在自己头上该如何处理,效果会不会比领导处理得好?领导工作生活的难题如果自己遇上该怎么对待?这样一想,原本复杂的事情就会变得简单,对领导也就能够表示理解。角色换位,理解领导的难处,有助于得到领导的信任。当领导为难时,主动表示理解,并诚恳地提供自己的帮助,减轻领导的负担,会令领导高兴。同时,要慎重对待领导的失误,对领导的失误要多加宽慰。

职场范例:

王成是一名画手,在绘画方面很有天赋,曾经志愿当一名自由画手,但无奈,人需要生存,自由画手几乎养活不了自己,于是,王成开始找工作,但似乎天不遂人愿,他被很多公司拒绝,绝望之时,一家很小的公司聘用了他当全职画手,虽然薪水也不多,但王成很喜欢这个工作。

但突然有一天,一个同事告诉王成:“那次上司带我去见一个客户,对方是做动漫开发的,我亲耳听到了关于动漫图画的价格。当然,老板谈的价格中是包括脚本和策划的费用的,但是我们都知道画画水平的高低在实施过程中也是非常重要的。虽然你的工资相对于我们这些打杂的来说已经不少

了，但是相对于我听到的数字来说，我觉得还是相差很多。最起码你应该得到所有报酬的50%，我觉得这是理所当然的！”

王成听了笑了笑，对那位同事说：“其实，我也知道这些，但你想，老板经营这么大一家公司容易吗，在资金方面也一直不是很充裕，你看我们用的这些电脑就知道了，一般动漫公司用的都是品牌机，但我们用的却是二手的，这不就是因为缺钱吗，等以后我们公司做大了，老板自然会给我们加薪的！”那位同事也觉得是这个道理。

恰巧，王成的这些话都被老板听到了，他一时半会儿真不知道该说什么好，只是觉得自己招对了员工，他把王成叫到办公室，对他说：“我们一起努力！”王成欣慰地笑了。

分析：

职场中，和王成一样，我们也可能会从同事或朋友的口中听到一些令人反感的话，这些可能影响到你的心情，妨碍到你对事情的判断，甚至会阻碍到其他事务的进展。但一定要记住，要站在领导的角度，体会领导的难处，这样，你在说话的时候，才会考虑到领导的感受，说出来的话自然也是为了领导着想，领导自然也会被你的宽大胸襟所打动，从而更加信任你。

在日常工作中和，上下级之间，难免产生一些误会和矛盾。有时，是非对错并非泾渭分明，甚至原本就没有谁对谁错，只是各自的立场和角度不同而已。在这种情况下，解决问题的最好办法，就是体谅他人的难处。

那么，我们该怎样做到站在领导的角度，体谅他的难处呢？

1. 要有宽阔的胸襟

古往今来成大业者，无不具有包容天下的宽广胸怀，无不善于在异中求同，集聚有利于自己发展的力量。玄武门之变后，唐太宗不计前嫌，吸收太子建成的心腹魏征，得一治国的大将。春秋战国时，齐桓公不记恨管仲的一箭之仇，任其为相并尊为仲父，终于得其辅佐，使齐国成为五霸之首……

有些人在工作中，心胸狭窄，小肚鸡肠，斤斤计较，把简单的问题复杂化。只要自己的愿望没得到满足，就认为是领导跟自己过不去，只要与领导发生摩擦，就把责任推到对方身上。退一步海阔天空，心胸开阔一点，就能更客观、更辩证地看待这些事情，就能使自己的眼光放得更长远一些。

2. 多从自己身上找问题

心胸大度者，在遇到和别人的矛盾时，不是火急火燎地理论，而是从自身找问题。身处职场，我们也要这样，要学会以责人之心责己，以谅己之心谅人。在和领导产生误会和矛盾时，要先想想自己有什么不对的地方，检讨自己的过错。然后，站在领导的角度，想想领导那样说那样做的原因可能是什么，道理在哪里。如果觉得领导的言行有一定的道理，自己就可平心静气地理解、接受。即使觉得领导毫无道理，也可一笑了之。

体谅他人的难处，既是一种思想境界，也是一种思维方式。你体谅别人，别人也会体谅你；一味苛求、苛责别人，最终会伤及自身。如果每个下属都能多记领导的好处，多看领导的长处，多想领导的难处，那么，整个团队就会更有凝聚力和战斗力。

！别说对领导不敬的“越位”话

日常工作中，我们难免要向领导汇报工作，一个成功的职场人士也必然是一个善于汇报工作的人，因为在汇报工作的过程中，能得到领导对他最及时的指导，才能更快地成长，也因为在汇报工作的过程中，他能够与主管建立起牢固的信任关系。但在汇报工作的时候，你一定要明白双方的地位关

系，万不可说“越位”话。因为领导需要绝对的权威，做下属第一点要做的就是尊重领导，汇报工作时，感觉领导能力不够，非议领导的行为，甚至蔑视领导是职场的大忌。

领导之所以为领导，必定有过人之处，即使工作年限没有你长，年龄比你小等，但你一定要尊重他，说话、做事不要无视他的尊严，因为领导的尊严不容侵犯、面子不容亵渎，记住，汇报工作时，你是一个下属而不是领导！

职场范例：

赛文是一名知名的广告设计师，因为能力突出，频繁地被一些广告公司挖墙脚，也就频繁地跳槽。后来，她进了目前这家公司。来到新公司，就连老板也给她几分面子，在公司的地位也就可想而知。很快，她也和公司其他同事打成一片，最重要的是，她认识了好姐妹琳达。

然而在这样的公司里，人际关系非常复杂，赛文并没留意太多，只是和大家一起工作，一起开玩笑，琳达人很好，非常体贴人，两人下班后经常泡在一起。

有一天，赛文和平时一样进领导办公室汇报工作，对于新的案子要总结一下，可是，赛文在陈述完以后，却惊奇地发现领导那儿已经有一份和自己的设计差不多的策划，赛文明白了，只有琳达看过自己的构思，可是，这时候，领导的脸色已经很难看：“我本来很看重你的才华和敬业精神，没有新点子也没什么，但你不该抄袭其他同事的创意。”

赛文当时就急了，和上司吵了起来：“这明明是我的创意，怎么成了她的？”

“你能在各大公司间跳来跳去，这点抄袭的能力也不是没有吧。”领导的话语尽是鄙夷。

赛文当时很生气，也脱口而出说了一些不该说的话：“是啊，我赛文，既然能跳槽，就证明我有本事，犯不着在这儿受你这种没脑子的上司的气！”话一说出口，赛文顿时感觉自己好像说错话了，但已经晚了，不到一个小时，她就被辞退了。

更可恶的是，她“抄袭”的事在业界居然被很多人知道了，也很少有广告公司再聘请她了，她陷入了极度的苦恼中。

分析：

虽说赛文说的是一时气话，但的确严重地伤害到了领导的面子和尊严，领导自然会解雇她。其实，对于赛文而言，比较明智的做法是，让自己冷静下来，用实力证明自己的能力，路遥知马力，领导早晚会知道事情的真相。可一旦说了“越位”话，让领导感觉颜面尽失，威严扫地，即使你再有能力，领导也不会再给你机会了。

因此，我们在汇报工作时，不管遇到了什么事，也不管领导说了什么，你都不能说越位话，那么，单就汇报工作而言，我们应该注意哪些语言上的技巧呢？

1. 说话要有重点

向领导汇报工作时，有时是一件事，有时是两件事甚至是几件事，但对每件事都应考虑周全，突出重点，千万不可面面俱到，重复表达，啰唆冗长，力求做到重点突出，这样既节约了领导的时间，又体现了自己对工作的熟悉程度、对问题的把握能力、语言表达能力，同时又提高了工作效率。

领导的时间是有限的，许多你能力范围内可以处理的沉芝麻烂谷子、程序既定的工作，处理了就处理了。事无巨细，统统汇报，也有邀功之嫌。比如一个负责行政的，对完成的车辆派用等汇报也没多少价值，对一些与通常情况下不一样的处理倒是有必要汇报一下。

2. 条理要清晰

给领导汇报前不妨先打好腹稿甚至是文字汇报稿，一、二、三、四、五……言简意赅，层次分明，用最精练的语言，较准确地表达自己的汇报意图。

3. 把握领导的倾向性意见

有时一件事只有一种解决办法，有时有多种。因此，汇报前要考虑领导倾向于哪一种方法，那就把某一种方法放在前面先说，然后再把其他建议也一并向领导汇报，供领导决策参考。

4. 多提解决的方法

汇报工作最重要的是提出解决问题的方案而不是简单地提出问题。要记住，汇报问题的实质是求得领导对你的方案的批准，而不是问你的上司如何解决这个问题，否则事事上司拿主意，要下属还有什么意义呢？我们去找领导汇报工作时要预备多套方案，并将它的利弊了然于胸，必要时向领导阐述明白，并提出自己的主张，然后争取领导批准你的主张，这是汇报的最标准版本。假如你进行的总是这样的汇报，相信你离获得晋升已经不遥远了。

总之，尊重领导很重要，有些领导能力不强，最怕下属看不起自己。汇报工作，要掌握方法和技巧，别说“越位”话，你就能获得领导的信任。

勇于承担责任，不为失职找借口

负责任是一个人立身做事的基本条件。一个人责任心如何，决定着他在工作中的态度，决定着工作的好坏与成败。而一个人是否有担当的勇气，更是责任心的一大体现。作为一名职场人士，要想获得领导的信任，想让自己的职业道路走得更顺利，就要为自己的工作负起责任，要敢于负责、乐于负责、善于负责。当工作出现偏差或者失误的时候，一定要敢于承担，别为自己的失职找借口。

其实,无论任何人,即使领导也一样,我们都会犯错,工作出现偏差更是常有的事。而作为领导,肯定要表现出一定的姿态,批评一下你,作为下属的我们,一定要接受,这首先是态度问题,即使你在工作中出现了再大的问题,只要敢于承担、接受,不为自己的失职找借口,你反而会给领导留下可信任的印象。

职场范例:

张非是一名文秘,但平时的工作却不清闲,除了要整理文件,帮领导安排一下工作事宜,还有很多其他杂事,因为公司小,这些事情只能秘书一手包办了。他和领导相处得一直也是不温不火,但战争还是爆发了。

那天,张非在办公室里整理报表,领导满脸不高兴地走了进来,问他:“小张,上个月的财务表呢?”张非做的这些工作,大部分都是一些数字,需要认真、专心地整理,一听到有人打扰,张非也就火不打一处来,头也没抬丢了句:“不知道。”领导一听这话,这小张怎么也不把领导当回事儿啊,他拉长声音说:“不知道? 那你知道什么? 这些报表都是经过你的手的,你怎么会不知道?”

“财务报表本身就是会计的工作,您不问会计,问我干什么?”张非和领导顶嘴道。

“会计说已经拿给你了,我才到这你这儿来拿的。你不会已经弄丢了吧?”领导说。

“会计拿给我了? 不可能,肯定是他弄丢了才说已经转交给我了。”张非辩解着。

“会计小刘在公司五年了,他是个很认真负责的人,是不会出错的。”

“那您的意思是我不负责了? 那既然这样,为什么要让我来做这些杂事儿呢?”

“你……”张非和领导你一句我一句的居然吵了起来，引来了公司很多人观看。

而事实上，这份财务报表会计已经转交给张非了，只是张非因为工作太乱，而弄丢了。虽然领导没有追究张非的责任，但在以后每次的会议上，领导似乎都要将这件事再说一次，说他如何推卸责任等。

张非很后悔，当时也不会忍，脑子一热就和上司吵了起来。

分析：

范例中财务报表的丢失，责任在于张非，虽说他无心，但作为下属，的确有失职之处，当领导问及此事时，即使自己没错，也不能狡辩或顶撞，这只会火上浇油，给领导的印象也就更恶劣了。相反，如果他换一种方式和领导说话，比如主动态度谦卑一点，语气和缓一点，告诉领导：“实在不好意思，因为一直在忙其他工作，没注意到这份报表，这是我的失职”恐怕也不会有后来的结果。

那么，在工作中，如果我们出现一些工作中的失误时，我们该怎样面对领导的批评呢？

1. 对待领导的批评要认真严肃

上司一般不会把批评、责训别人当成自己的乐趣。既然批评，尤其是训斥容易伤和气，那么他在提出批评时一般是比较谨慎的。而一旦批评了别人，就有一个权威问题和尊严问题。如果你把批评当耳旁风，依然我行我素，其效果也许比当面顶撞更糟。因为，你的眼里没有上司，让上司面子尽失。

2. 对批评不要不服气和牢骚满腹

批评有批评的道理，即使错误的批评也有其可接受的地方。聪明的下属应该学会好好“利用”批评。上司对你错误的批评，只要你处理得当，有时也会变成有利因素。但是，如果你不服气，牢骚满腹，那么，这种做法产生的负效应将会让你和上司的感情距离拉大，关系恶化。

3. 切勿当面顶撞

当然，公开场合受到不公正的批评、不应该的指责，是会令自己难堪。你可以一方面私下耐心对领导作些解释；另一方面，用行动证明自己，当面顶撞是最不明智的做法。既然你都觉得自己下不了台，那反过来想想，如果你当面顶撞了上司，上司同样下不了台。如果你能在上司发其威风时给足他面子，起码能说明你大度、理智、成熟。只要这上司不是存心找你的茬儿，冷静下来他一定会反思，你的表现一定会给他留下深刻的印象，他的心里也一定会有歉疚之情。

4. 不要把批评看得太重

一两次受到批评并不代表自己就没前途了，更没必要觉得一切都完了。如果受到一两次批评你就一蹶不振，打不起精神，这样会让上司看不起你，今后他也就不会再信任和提拔你了。

5. 受到批评不要过多解释

受到上级的批评时，反复纠缠、争辩是没有必要的。

那么，确有冤情，确有误解怎么办？可以找一两次机会解释，但应点到为止。即使上司没有为你"平反昭雪"，也用不着纠缠不休。这种斤斤计较型的部下，是最令上司头疼的。如果你的目的仅仅是为了不受批评，当然可以寸土必争，寸步不让。可是，一个把上司搞得筋疲力尽的人，又谈何晋升呢？

认真对待工作，不要牢骚满腹

自古以来，上下级之间关系和谐的制胜法宝是，下属毫无怨言地执行上级指派的任务，这是领导评判下属是否值得信任、是否忠诚的重要标准。当

今社会也一样,这样的下属必然会在工作上表现出高效率、高效益,才会在工作中踏踏实实。在一个组织中,人们需要相互合作,而信任是合作的前提条件,没有信任的合作不可能成功。因此,要想获得领导的信任,就要心甘情愿地接受你的任务,而不是牢骚满腹。

也许有人会质疑,这样的老好人会吃亏,但也有一句话说得好,吃亏是福。当你毫无怨言地接受领导的任务,并努力做好,明智的领导虽然在日常工作中不会说什么,但对你的信任却一步步在加深。

职场范例 1:

王颖在一家大型集团公司上班,几年下来,她已经升到了主管的位置,但公司人员变动较快,她总是为不同的领导工作。但奇怪的是,几乎每个领导离开的时候,都会带着欣慰的笑容称赞她。

王颖是个很老实的女孩,不是特别会说话,所以更多的时候她只能表现在兢兢业业地工作上。但她明白,每个上司都喜欢时时替自己着想的员工,新来的领导,对什么都不是很清楚,领导安排的任务,一定要尽力完成,才会减轻领导的负担。

有一天,上司要她交一张报表,她认真仔细地完成了。上司对她做的报表非常满意,说:“看你平时言语不多,做起事情来还真让人放心。”王颖笑着说:“因为我觉得只有我这边做好了,上司那边才能少分点心,这样才能有更多的时间去处理其他事情。”上司意味深长地看着她笑了。

职场范例 2:

小果在一家食品公司工作,她担任的是产品质量检测员。和她同班的张姐怀孕了,身体反应很大,经常在工作时受不了食物的味道,恶心呕吐。

公司经理就跟小果说:“张姐最近身体不舒服,检测的工作你能帮忙就多帮帮她，毕竟你们平时关系挺好的。”

小果立马说：“经理，看您说的，就是您不说，我也会帮的，都是一个公司的同事，也都是为了公司的利益。”

经理听了没说什么，却露出了欣慰的笑容。

后来，张姐生了，还特别请小果给孩子取名字。再后来，经理调走了，小果就升任了经理留下的这个空缺。小果知道，除了自己的能力全面、过硬之外，和原经理对自己的赏识也是分不开的。当然，这样的结果，很大程度上是自己平时对领导分派的任务毫无怨言地接受的结果。

分析：

范例1中的王颖之所以能得到领导的赏识，是因为她能为领导排忧解难，毫无怨言地帮助领导，这样的下属何愁得不到领导的信任呢？

范例2中的小果之所以能赢得领导的信任，是因为她善解人意，那本不是她分内的工作，却乐意接受，这样有心的下属也为领导省了很多不必要的麻烦，领导自然也会倍加信任。

有付出就会有回报，我们深知这句话的道理。职场中也一样，只要你能毫无怨言地接受领导分派的任务，并尽力去完成它，你就能让领导有更多的机会认识你，了解你，进而欣赏你。

我们要想有这样的认识，必须要明白这样的几个道理：

1. 自己是付出的最终受益者

有人说：付出，无非是要做出无私的奉献，这对我有什么好处？我对别人付出了，谁对我付出？其实这种人的思维是狭隘的，他没有意识到付出的最终受益者是自己。职场中，那些只会要弄权术，整天陷入尔虞我诈的复杂人际关系中，而不是踏实工作的人，即使一时得以提升，取得一点成就，但终究不是一种理想的人生和令人愉悦的事业，最终受到损害的还是自己。而

那些兢兢业业工作，为公司付出的人，可能升迁慢、加薪少，可却是领导和公司最忠实的员工。领导之所以为领导，必定比一般人有更敏锐的观察力，对于这类人，自然在记在心底，这对于我们的职业生涯将是很好的积淀。

2. 个人与企业的命运是紧密相连的

其实，我们明白，当我们努力工作，为公司争取到了更多的利益，公司的效益会提升，我们的薪酬和职位也会上升；而相反，我们消极怠工，公司效益下降，我们加薪、升职的机会也就小了很多。所以，我们的命运和企业的命运是分不开的，作为下属，我们的提拔任用和所得到的报酬待遇，虽然是企业管理部门确定的，是你自己努力工作换来的，但也与领导对你的了解与信任是分不开的。所以，下属对上级、个人对企业应始终心存感激并努力接受上级安排的任务，才能让自己和企业共同进步。

3. 发牢骚并不能解决问题

无论在工作还是生活中，我们都会遇到各种各样不如意的事。一味地抱怨不仅一事无成，还会把自己变成一个"怨妇"，让周围的人离你而去。你要做的其实是，找到解决问题的办法，只有解决了问题，才会让领导和同事对你刮目相看，并信任有加，你的职业道路走得才会顺畅！

站在领导一边，支持上司的决定

很多职场人士认为，领导和下属之间永远属于一个利益的对立面，在关系的处理上，不必有任何交集，只要不得罪就好。的确，俗话说："伴君如伴虎"，与领导相处，如履薄冰，但实际上，只要我们伴得好，老虎将会给你最大的支持，成为你驰骋职场的一张王牌。但前提是，我们要成为领导的好下属，曲意逢迎没用，溜须拍马更没用，只有支持上司才是你赢得信任的不变法则！

而且，作为领导，每天有很多事情需要处理，不可能事事过问。他只在宏观上把握全局，而具体的每一部分工作都由下属分工负责。当你能帮助领导分担一些工作难题时，上司就会离不开你，这样在上司心目中才会有你的位置。如果你不能做到这些，不仅不能让上司省心，还会成为上司的包袱。当一个下属不能起到自己该有的作用时，也自然得不到领导的信任。

职场范例：

张然是一家投资公司的一名主管，在工作上一直很顺利，不管是环境，还是领导，以及周围的同事，她都非常满意。但最近张然所在公司的经理换了，也可能是新官上任三把火，新来的那个上司看起来不那么随和。同事都在议论，说怎么看都没有原来的上司好。

而张然，一直是个勤勤恳恳的员工，从来不在领导背后说一些可有可无的话。这一点，让同事乃至领导都很喜欢。虽然她和原来的上司关系很好，但是她知道，以后她要面对新的上司，这个新上司将是和自己一起工作、决定自己未来职场命运的人。

那天开会，新上司提出一个方案，立刻遭到几个同事的反对，大家一起议论说原来上司的方案如何合理，如何让人信服，唯独张然没有说话。新来的上司看起来是个厉害角色，他不动声色地问张然："你认为呢？"张然一下被问住了，这个时候她一边面对的是同事，一边面对的是上司，不管她怎么回答，似乎都会得罪其中的一方。这个时候，张然突然想到，原来的上司对她说过的一句话："不管什么时候，都要站在上司的角度上分析和考虑问题，这是职场制胜的法宝！"

张然深呼了一口气，站起来微笑着说："其实，我觉得不管是原来上司的方案，还是新上司的方案，都是为我们大家着想，为公司的发展着想。只是

两个人的出发点不同。”接下来，张然不紧不慢地仔细分析了两名上司的不同出发点，然后针对公司的情况进行总结，分析出新上司措施的优点和缺陷。然后她再自我批评地说：“作为一名主管，我觉得是我失职，我没有很好地向新来的上司交代公司的情况，让他迅速地了解公司的状况。”新来的上司听张然这么说，脸上露出了笑容，同事也只能说她是一个负责任的主管。

分析：

范例中的张然是聪明的，关键时刻站在领导的角度说话，为自己化解了一次“言论危机”。的确，支持上司是永远不变的法则，不要以为上司比你官职大，就不需要你的支持。让上司感觉到你对他的支持，是对上司工作最大的肯定，也是对上司尊敬的最好体现！

那么，我们在与领导相处的时候，该怎样让上司感受到我们的支持呢？

1. 必要时提醒并帮助领导

有时候，领导事务繁忙，很可能遗忘一些事或者在某些事上处理不当，我们要做个有心人，及时提醒并帮助领导。

2. 为领导节约时间

作为领导，时间都是紧张的，而且一般会提前安排，因此，我们要为领导着想，节约他的时间：

(1)提建议时，问题越简单，越节约他的时间；并调整好各个问题提问的先后顺序。

(2)事先向领导预约会谈的时间。

(3)选择适当的时间以避免耽搁。

不要帮领导节约时间，还要选择恰当的时间，错误的时间提问题，不仅收不到预期的效果，还会给领导留下不好的印象。

3. 做好领导关心的事

很多职场人认为,工作中,事情做得越多,就越能获得领导的信任,其实不然,作为领导,他并不关心你做了多少事,你花了多少时间做事,而是你做了多少对的事,如果你花费大把的时间和精力在一些没有任何意义的事上面,领导只会觉得你是一个做无用功的人,并不会感激你。所以,你要做的是,先弄清楚领导最希望你做什么事,然后再把事情做好。

4. 不仅提出问题,还需提出解决方法

几乎每个领导都讨厌这样的下属,提出一堆问题让领导来解决,这要下属有何作用? 你应该做的是,解决一些力所能及的事,在一些无法拿主意的问题上再来请示领导,这样,不仅让领导看出你的能力,还能看出你对他的尊重。

5. 多做一些不起眼的事

一个受领导欢迎的下属不一定是工作能力特别强的下属,而是细心、勤快的下属。有时候,你可以利用单位的一些小事,增加自己在领导心中的分量,比如,勤杂工请假了,办公室没人打扫;单位新买了一些桌子、椅子要搬上楼等,聪明的人应该善于利用这些小事。当然,在上司看来,这种事情没什么可奖赏的,但时间长了,你勤快、本分、实在、不讲报酬、能吃苦、工作扎实的作风,自然会潜移默化地在不知不觉中让上司对你充满好感。

领导不是万能的,有时候也需要你的帮助

在中国有句古语:“患难见真情”,很多慧眼识英才的人都喜欢结交落难英雄,这样的友谊更为可靠和真实。同样,身处职场,面对深陷困境中的领导,我们也可以伸出热情的双手,有时候,几句宽慰人心的话都能给其以鼓

励，让其重新振作，而走出困境的领导，势必会将你视为知己，这将大大有利于你职业路的发展。

生活中，每个人都有自己的苦恼，领导也不例外，领导也有领导的苦恼，他们可能会因为工作头绪繁多而忙得焦头烂额，可能会因为事业发展阻力太大而停滞不前，可能会因为家庭的纠纷而沮丧不已。大多数人遇到这种情况会表现出逃避的态度，他们觉得作为领导都无法解决，自己也一定没办法。其实，只要你说出一句“我来帮助你”的话语，上司就会感激不已的。当上司有困难时，或者大家都不敢接近上司时，如果某位部下不计利害地帮助他，他心中的感激是可想而知的。可以说，如果某位下属有一腔侠义之心，肯定会得到上司的提拔。

职场范例 1：

小何是北京某网络运营公司的助理，经理是个小心谨慎的人，公司运营得也一直还可以，所以，基本上，小何的工资每年都在涨，他也很感激经理给了他这样一个平台发展自己，即使，偶尔经理会骂他几句不中听的话，他也毫不在意，因为，他知道，经理是为了他好，为了他能够进步。

但有时候，世事难料，公司一个秘书带着所有的客户资料跳槽了，转眼间，公司陷入了瘫痪的状态，经理心急如焚，公司一些员工在前秘书的动员下，纷纷开始收拾行囊，都跳了槽，剩下一些员工，也是没有去处，不得不留下来的。公司即将面临倒闭的危险，大家都等着看经理会用什么办法解决，很多人说：“这下子都是将死的蚂蚱了，再努力也没用了。”经理听到有人这样说，更是泄气了，甚至他已经开始考虑怎样把公司转手。这时候，小何敲开了经理办公室的门，对经理说：“就是您只剩下我这么一个下属，我也会为您全力效劳的，您永远是我最尊敬的经理，您不要泄气，我们一定能挺过来的。”听了小何的一番话，经理感觉整个人找到了目标，在小何的帮助下，他重新联系上以前的客户，挖掘到新客户，公司终得以起死回生，大家都说小何是公司的救星。的确，就连经理也从心里感激他，他说："即使我身边还有一个人可以信任，那就是小何。"每每听到这话，小何都感到很欣慰。

职场范例2：

张舟是一家公司的部门经理，一次，他和公司的王总、肖副总驱车出差，不小心和一外地车辆发生了小车祸，幸好无人员伤亡。对方一行3辆车，有8个人，事故发生后，对方仗势欺人，就要过来打架，王总作为领导主动去沟通，希望好说好散。但是，对方根本就已失去理智，几个人上来就把王总打翻在地，肖副总已经不敢言语了，而张舟毫不犹豫地挺身而出，不惧被打的危险，上前勇敢地大声说："请你们理智一点好不好，车祸是谁都不愿意出的事，既然出了，就要解决问题，何况没有伤亡就是大幸，如果打架能够解决问题，就请你们打我好了，别打他，可能是你们觉得问题还太小，那你们把我打死吧！好把事情搞得再大些！"于是，张舟做出了一副大义凛然的样子。对方被张舟的勇敢、幽默和在理所折服，于是都冷静了下来，找来交警处理，对方也向王总真诚地道了歉。从此，张舟成为王总最信任的人。

分析：

范例1中，小何是一个有远见的下属，给深陷困境，面临公司倒闭的领导以慰藉和鼓励，让领导重新振奋精神，走出困境，人往往在落难的时候更容易记住别人的好，小何的领导便是如此。

范例2中，危及生命的时候，才是最危难的时候，更是检验友谊、情感和忠心的时候。毫无疑问，张舟因为这件事而得到了领导的信任和重用。

领导也是人，在工作和生活中，依然会出现酸甜苦辣，依然会有坎坷痛苦和无奈，也会遭遇意外。作为领导，都希望自己的下属永远忠于自己，希望能够得到尊重和支持,而这种忠心,一般只有在领导陷入困境时更能体现,这种忠心是用事实表现出来的。与领导沟通,说得好不如做得好,如果能够在关键时刻站出来,就能够很快和领导成为心腹。

那么,在领导陷入困境的时候,我们该怎么帮助他呢?

1. 依然尊重他

领导永远是领导,即使是英雄陌路,也希望别人尊重他,当领导深陷困境的时候,别忘了给他尊严和面子。

2. 给领导精神上的鼓励

很多时候,作为领导,之所以陷入困境,可能不是能力的问题,可能是因为失误或者外部原因。因此,作为下属,给他精神上的鼓励,哪怕是简单的一句"加油",都会让他感觉是雪中送炭,从而帮助他走出困境。

3. 加以行动,证明自己足以信任

前面两条都是停留在表面,都是特殊的个案,要成为领导的心腹和知己,最最重要的一点就是要有实力,用实力说话是职场永恒的成功法则。

领导就是带领大家共同实现目标的那个人,要实现目标就需要智慧,不仅需要懂得领导的智慧,更需要解决问题的智慧,当领导深陷困境,如果你既懂得安慰领导,又有工作能力,你肯定能够成为领导事业上的最佳搭档,还能够成为心灵的知己。

第7章

看时机，何时张口何时沉默

现代职场，是一场没有硝烟的战场，无时无刻不存在着危机。伴君如伴虎，很多下属慑于领导的威严，甚至不敢说话，其实，这是一种误解。身处职场，与领导交往，只要我们能见机行事，说该说之话，领导倒会给我们纵横职场的王牌，助我们成功！

把握好说话时机，该说的话不妨直说

从心理学上来讲，虽然任何人都喜欢听好话，但没有人愿意听假话，尤其是领导，听惯了阿谀奉承的话，反倒更乐意听一下率真之语，但这并不意味着，我们在与领导讲话的时候，可以口无遮拦，相反，我们更要把握语言的分寸，因为本来讲真话就更容易“犯忌”。

在日常的工作中，在与领导接触的时候，要想让领导接受我们说出的率真之语，而不把我们所说的话当成无礼的表现，就必须掌握一定的技巧，有时候，率真用得好，好运自然到。

职场范例：

萧红是一家广告公司的职员，这家广告公司在业界享有盛誉，其实，当初萧红和众多职场新人一起挤破了脑袋进了这家公司，也并不是因为这儿的薪水高，而是因为她觉得自己需要磨炼，需要一个地方增长自己的才干，而这家实力雄厚的公司成了她的首选。

但实际上，和任何员工一样，萧红对高薪水也是充满向往的。她知道，公司每位员工的薪水都是不同的，而她是一名刚走出校门的学生，又没有工作经验，在这里的薪水自然是最低的。但萧红相信，总有一天她会一点点将自己的薪水提高，于是，她一直埋头工作着，并未显示出自己对薪水的不满。

有一天，当她正在食堂和同事们一起吃饭的时候，一位 50 岁左右的老人端着饭坐在了萧红的旁边，萧红也觉得奇怪，她以前并没有见过这位老人。

老人主动找萧红说话：“小姑娘，在这上班没多久吧，还习惯吗？”

一看老人这么和蔼，萧红也不好拒绝，就聊了起来：“挺好的，同事之间，也都相处得很好。只是……"

"只是什么?"老人好奇地问。

"工资太低了,都不够我一个月的生活费!"萧红见是个陌生人,领导又不在,也就脱口而出了。

"是吗?"

"是啊,不过其实也没什么,大家的标准都是一样的,我目前还没有资历拿高工资,我们不能一味地为工资而工作,而是要为了提升自己的能力,提升工作的质量。"萧红一口气说完了这些。

老人听完笑了笑。等老人走后,有个主管跑过来对她说,那个老人是集团的董事长,萧红觉得自己惹麻烦了,急得像热锅上的蚂蚁,但是急也没用了,只能等待"死讯"的来临。

但奇怪的是,萧红并没有收到解雇的通知。反而,第二天,经理召开了会议,公司大大小小员工都参加了,会上,萧红又看见了那个老人,老人说:"直到昨天,我才知道,原来这些年来公司员工的薪资水准还停留在五年前,这明显是太不合理的,怎么一直没人跟我说呢?幸亏昨天有个年轻人跟我说了这些。"萧红当时很害怕,以为董事长要在会上当面批评自己,原来是夸奖自己,后来,董事长宣布大家都可以提升一级工资,就这样,萧红成了公司的大功臣。

分析:

范例中的新员工萧红可以说是歪打正着,本来在公司谈薪水是很忌讳的事,但她一番无心的话却让自己涨了工资,还成为同事眼中的"功臣"。但我们发现,虽然讲的是一些脱口而出的话,并未进行深入思考,但是却深得人心,领导听了也能欣慰的接受。

从以上这个范例中,我们发现,率真的话并不是不可以说,但是什么话该说,什么话不该说还是要把握一定分寸的。就和萧红一样,工资低可以说,但不要抱怨公司和领导,表明自己要努力工作的态度,这样,领导听起来才不会产生一些负面情绪。

那么,我们在说一些率真的话的时候,要注意些什么呢?

1. 善用攻心术,了解领导

与领导沟通、交谈的目的,最终是要领导接受我们的观点,从而按照我们的思想行事。说白了,就是要说服领导,影响领导。要实现这个目的,就必须拿出一套真功夫来。

讲话之道,"攻心"为上。洞悉人心、抓住人心,就是基本功。否则,"瞎子点灯白费蜡"。古人讲:"知己知彼,百战不殆",要想说服领导,必先了解领导,把握其心理活动,尤其要了解其心理特点和弱点,进而抓住要害,一语中的,使其产生心理震撼。

2. 大胆创新

"与众不同"是讲话成功的一个基本要求,率真地说话,不妨说一些与众不同的话,实现这一点,我们的思维必须有创造性,敢于独立思考,提出与大家不同的看法,以超越常理的思维方式,给人以思维的乐趣。

3. 要给领导面子

领导需要绝对的权威,不论我们说什么话,这一点不能忘。

工作时别太随意,严谨认真才不会招致不满

职场是一个既简单又复杂的地方,相对于那些善于经营人际关系的人来说,职场是发挥自己能力与价值的地方;而职场的确存在很多不好处理的事情,这正是职场复杂之处。尤其是与领导相处,有句话叫"伴君如伴虎",现代社会已经不存在所谓的"帝王",可是在领导面前也是要有所顾忌的,否

则可能会给别人带来很大的麻烦。而职场中总有那么几个人,觉得自己和上司的关系非同一般,于是就不注意说话的语气等问题了。说话过于随意,很容易给自己招致大隐小患。

作为下属,也许我们会在见解上与领导存在很多差别,即使实质上你们没有太多的差别,你也不能和上司拉帮结伙或者随意说话。要知道,你的身份是他的下属,你不仅需要对他有最起码的尊重,还要协助他完成很多工作。因此,不管是和你的直接领导,还是公司的高层领导,甚至是你的同事,说话的时候都要注意分寸。什么该说,什么不该说,都要把握好。这些对于你和上司的关系处理,都是非常重要的!

职场范例1:

小李是一家地产公司的项目策划,公司最近出了一个新案子,小李所在的部门经理张总把任务交给了小李,同时,也把自己的想法跟小李说了,点明了要按照他的想法去做,小李觉得任务不是很重,毕竟概念和想法都已经是预设好的。于是,用了两天多的工夫,他终于把成果拿出来了,张总看了十分满意。又召开会议进行讨论,大家一起来讨论小李的方案。小李觉得很开心,并按照大家最终讨论的结果制订了新的方案。

小李将完稿的方案交给顶头上司的时候,张总对他说:“兄弟,谢谢你!你帮了我大忙了!”小李笑了:“这是我应该做的。”

第二天,公司的执行总监把小李叫到了办公室,问道:“这是你的策划吗?”小李高兴地说:“是我和张哥一起的研究结果。”“张哥?”上司的上司拿眼睛瞥了小李一眼,而小李却没有看出其中的缘故,还在吹嘘着:“是呀,我们是好哥们儿,我们一起研究了两天两夜才研究出的结果。”“这就是你们研究两天两夜的结果?”总监将策划方案全丢在了地上,小李立刻傻了。

后来,总监叫来了张总对质,小李后悔了,何必揽功,自己只不过是个执行者。总监很生气，小李和张总都挨了批，小李觉得特别委屈，张总说："以后说话前动点儿脑子，别一五一十把什么都说出去。"小李也生气地说："可是，我没有说错什么，更何况我说的都是实话。"顶头上司瞪了他一眼，离开了。

后来小李才知道，原来自己的顶头上司和总监有矛盾，而自己在上司面前和顶头上司拉帮结伙，让总监听了很反感，于是，自己变成了别人恩怨下的"替死鬼"。

职场范例2：

小王进了现在的公司，本身就是因为他是领导的小舅子，很快，小王又当上了管理员，他晋升速度之快，让很多同事不解，然而有一次，小王自己却道出了其中的玄机。

领导为了让小王也就是自己的小舅子更积极一些，请了小王去他家吃饭，并商量了一些工作上的事情。

第二天到了公司，为了表明自己身份的特殊性，他就开始向同事炫耀了："昨天上司请我吃饭了。"同事都很吃惊，在同事的眼里，上司是一个很严肃的人，这怎么可能呢?

小王笑着说："因为我是他小舅子，我们是一家人!"正说着，领导走进了办公室，为了表现他们的亲属关系，小王还拉了下领导的胳膊："姐夫，你昨天不是说今天要开什么表彰大会？大约几点呀?"只见领导眉头一皱："听谁说的？谁是你姐夫?"然后扬长而去，而表彰大会的事情再也没有被提起过。

分析：

范例1中的小李无缘无故挨了领导的一顿批，可以说是有冤无处申，这就是说话太随意，毫无顾忌引来的结果。他给我们的教训就是，在你不熟悉公司内部关系和上司的秉性之前，不要和上司拉帮结伙，更别毫无顾忌地说话，因为你很可能成为职场权术争斗中的牺牲品。要知道，工作就是工作，友谊就是友谊！该在哪里体现出来的，尽量在相应的场合体现出来！

范例2中的小王以为自己是领导的亲戚，就不顾及领导的身份，说了一些让领导有失颜面的话，在这种情况下，即使和领导的关系再亲，也会被威严打败。

而且，和上司说话太随意，即便上司不说什么，他在心里也会觉得你没大没小，不尊重他，也可能觉得你不正经，不值得信任等，而当你在公共场合和领导说太随意的话，会很容易伤及领导的面子，如果赶上了个小心眼的领导，很可能会招来他的记恨。

那么，日常工作中，我们与领导说话的时候，应该怎样把握这种分寸呢？

1. 别在同事面前和上司说话过于亲密

在同事面前和领导说话太随意，首先只会让同事对你更加反感，他们只会怀疑你的成绩，而不会向你投来羡慕的目光，其次，领导在面子上也过不去，也会有失了身份的感觉。

2. 别当着同事的面和领导套近乎

这只会让上司处于非常尴尬的局面，无论你和上司是否真的关系不一般，这种做法都是不明智的。

总之，作为一名下属，不管在什么场合，都要为自己的上司着想，说任何话，做任何事，都要充分想好后再说，这样不仅会使你的上司越来越喜欢你，其他人也会越来越尊重你！

不该说的话不说，有时要学会装傻

人都喜欢表现得聪明一点，周围的人才更加肯定自己，可真正聪明的人并不代表着能说会道，要嘴皮子功夫，聪明也并不会表现出来。生活中，看起来很傻，平时反应都要比别人慢上半拍，却是个“心里明白”的人，这样的人才是真正的聪明人。

身处职场，与领导相处也是一样，关键时刻要会故意“装傻”。这也就是指不炫耀自己的聪明才智、不反驳对方所说的话。不要把领导的话当成无目的的随便说说，很多时候，领导为了解真实情况或职员的真实心态，会故意说一些话来对职员进行试探，这时候，有些话我们并不能说，一旦说了，就得罪了领导，此时，我们要做的就是“装傻”，其实要做到这一点是非常不容易的，必须要有很好的“演技”才行。然而，不是人人都可以“傻”得恰到好处，如果没有掌握到恰到好处，反而会弄巧成拙。关键时刻学会装傻才是真正的聪明人，做人不能太单纯了，也不能表现得太聪明了，要学会“装傻”。

职场范例：

小马从事的是销售行业，销售行业的特点是，员工一般要从最基层的业务员开始做起，不断帮公司挖掘新客户。

毕业以后的小马一直找不到工作，就加入了这个行业，因为他觉得，只要干得好，哪行都一样，而且，在进公司的第一天，他听到了一句鼓舞人心的话，领导笑眯眯地对他说：“不想当将军的士兵不是好士兵！你来这里工作一定要好好表现，争取做个人事经理！”

接下来在试用期的一个月里，小马非常努力，几乎很少说话。有时同事喊他去喝酒，他都会拒绝说：“你们去喝吧，我将来要做人事经理，怎么能这么放松自己呢？”同事每次听他如此说都显示出不屑一顾的样子，他却告诉自己：哼，有什么了不起！不信等着，将来我就是人事经理！

小马的这种行为可能是太“嚣张”了，公司里的人事经理开始经常找他的毛病。小马想，他不会是担心我把他的职位抢了吧？为了给他一个下马威，小马对他说："刚来这里的时候，我还真想做个人事经理，但是现在我改变主意了！我将来要自己开快递公司，不就是客户吗？只要能拥有大量客户，我一样可以做老板！"

当然，小马说这些话也并不是有意的，但当领导知道这件事后，开始主动找小马谈话，直率的小马没有多想，以为领导要夸自己呢，于是就告诉经理："我觉得做快递业务最关键的是客户，有了客户才能有业绩！而我们业务员做的工作就是不断开发新客户！"

小马这么说，只是为了说明自己很明白业务对于一个员工的重要性，表明的是自己要努力工作的立场，可是上司却想偏了，他对小马投来鄙夷的眼神。

小马在公司的一切努力一个月后开始付诸东流：为了怕客户流失，公司进行了一次大规模的调整，而一直努力工作的小马被辞退了。余下的业务员出去做业务的时候一律不许留个人的联系方式，一律要留公司的联系方式。而小马，并没有做什么对不起公司的事情，他也并没有掌握公司的客户，第一是干得时间不长，第二是他根本就没有想到过要这么做。只是因为自己的一吐为快，而失去了工作 。

分析：

范例中的小马其实是个好员工，只是管不住自己的嘴，让自己丢了工作。事实上，那位领导说得对，"不想当将军的士兵不是好士兵"，职场中的人几乎每个都想当领导，每个人都想自己有一天能独当一面。其实，即使领导自己心里也明白，有些下属对自己的位子虎视眈眈，而在那些下属中，很多人有这样的想法，只是不说出来。偏偏有些人却喜欢说出来，说出来的坏处就是不打自招。首先，你的上司会觉得你这个员工想法很多，说不准哪天就将自己的业务归为己有。哪个上司愿意身边藏有这么一只"猛虎"呢？

所以，身处职场，和领导相处，一定要学会“装傻”，这也需要一定的技巧。它不是要一个人时时都在“作假”，如果这样，那这个人反成为一个比傻子还“傻”的人了。它是一个人为某种所需，而做出适时的“装傻”之举。“装傻”也是一门学问，与我们平时所说的“难得糊涂”道理是一样的。

当今职场如战场，只是少了战场上的腥风血雨，在战场上，当你与敌人交战时，不要太聪明，要学会“装傻”，胜负往往就在这一念之间；学会在敌人面前“装傻”，是一种示弱，但又是一种高明的策略。因为这会为你赢得时间与夺取胜利的机会，甚至是赢得敌人友谊与宽容的机会，这样的人才最容易成功。而那些不善于“装傻”的人，到最后只有死杀硬拼，终将搞得两败俱伤。

身处职场，领导可以说是你最大的敌人，也是最好的朋友。与领导交往，有些话不能说，最重要的技巧也就是适时“装傻”不露自己的高明，更不能纠正对方的错误。“装傻”可以为人遮羞，自找台阶；可以故作不知达成幽默等。但前提是，你必须有好的“演技”，才能“傻”得恰到好处，那些不懂得“装傻”的人往往会因为自己的单纯而失败。

那么，在与领导相处的时候，我们该怎么“装傻”呢？

1. 避谈人生理想和职位升迁

这是范例中的小马给我们的教训，谈理想很容易让领导心生疑虑，这对我们很不利。

2. 巧妙拒绝回答领导问的一些敏感问题

要知道，领导之所以为领导，肯定有过人之处，简单的一些问题，他们会用试探性的方法来问，目的就是要套出下属的真心话，然后据此决定职员的前途和命运，这可就关系重大了。要解决这种棘手的问题，最好的办法是故意“装傻”，哼哼哈哈地不具体地回答，这是拒绝回答的有效武器。这样，领导即使心怀叵测，也拿你无可奈何了。

见机行事，勇敢争取自己的利益

职场中，有这样一类人，为人老实本分，只知道专注地干好自己的本职工作，不会耍小心眼，干得多，牢骚少，要得少，心眼少，却得不到自己应有的利益。俗话说：人善被人欺，马善被人骑。但领导并不是侦探，他发现不了还有这样的下属，他们的利益需要关心，他们的能力需要肯定。因此，作为下属，我们要学会主动为自己争取利益，有些话，该说就说，但是一定要见机行事，不可莽撞。

要知道，天下没有掉馅饼的美事，职场中也一样，不表达自己的需求，领导不可能为你争取，但要记住，不是争取了就能得到，还需要掌握方法。

职场范例：

晓峰是一家汽车部件销售公司的经理助理，他是个会说话的人，知道什么时候该说，什么时候不该说，但他知道，要想争取就应该争取，一定要创造时机说出来。

有一次，晓峰和经理一起去和客户见面，当天由于一些意外情况，他给客户临时买了一些东西，于是产生了一笔不小的额外支出费用。晓峰当时主动先垫上了这笔费用，而且东西买得恰到好处，因此和客户的沟通进行得非常顺利，经理当下非常满意。在回去的路上，经理理所当然地加了一句："回去找财务部报销。"于是，晓峰趁热打铁提到了前不久独自外出联系工作时候请人吃饭的事情，措辞很谨慎小心，不过趁着经理高兴，最后连他这几个星期加班后打的回家的车费一块儿都被批准报销了。

分析：

范例中的晓峰的做法很好，是自己的就要争取，该说的话一定要说，否则，今天为公司垫一点费用，明天再垫一点，工资低的话就所剩无几了。晓峰的聪明之处是会选择时机，跟领导谈条件，要的是天时地利人和。时机不对、场合不对、老板心情不对，基本上都成不了，见机行事至关重要。

有人说，现代企业的办公环境其实是一个没有硝烟的战场，的确，部门与部门之间，老板与员工之间，其实每天都在上演着一场又一场的战斗。作为领导，都希望公司所得的利益多一点，这不可避免地就会危及员工的利益，而作为下属的我们，就必须要争取，有些话当说就说，不要害怕得罪领导，因为劳动与报酬之间本身就是应该成正比的。

其实，下属与领导之间的战争，下属占据有利的地位。因为在企业中，老板要依赖员工，领导也要依赖下属，企业才能正常运作。不过，领导却也在管理着下属，下属也要依靠领导，同时也在协助领导。所以说，领导与下属相辅相成的关系势必就注定了双方之间的博弈关系。向领导争取利益，就是对这种博弈关系善加利用的艺术。为此，我们必须把握时机：

1. 不在领导心情不好的时候提要求

在领导心情不好的时候提要求，这是最不合时宜的做法，等于是撞在了领导的“枪口”上，即使你的要求是合理的，恐怕也得不到批准。我们要善于察言观色，比如当领导谈成生意后，当领导受到上级的表扬后，当领导家有喜事的时候，你都可以提出。

2. 说话注意分寸，别冲撞领导

我们是有理的一方，但是决定权掌握在领导手里，而且，日后我们还要和他友好相处，所以即使领导感到你的要求很无理，也要控制自己的情绪，更不可与领导发生争执，这样做，不仅你的要求达不到，搞不好还会失去工作。

3. 给出充分的理由

很多领导无法满足下属的要求，常常会以理由不充分为借口，对此，你需要做的是，事先准备好充足的理由，让领导心服口服地接受你提出的要求。

总之，如果在某些必要的时刻，你不得不和老领导谈判，你要选择正确的时机，用正确的、恰当的语言见机行事，才能将领导和下属之间原本对立的局面转换到“双赢”的局面。

别在上司面前得意地打压对手

英国哲学家斯宣宾塞认为“成功的第一个条件是真正的虚心，对自己的一切敝帚自珍的成见，只要看出与真理冲突，都愿意放弃。”美国科学家富兰克林也说：“缺少谦虚就是缺少见识。”所以，人都要懂得谦虚，特别在得意时，谦虚是非常重要的。

身处职场，我们打败对手，取得一定的成绩，但不要自鸣得意，尤其不要在领导面前提及对手，因为这样会有炫耀之意，这次的成功很可能是你下次失败的埋伏。因为领导明白，真正能成大事者，无论在失意还是得意时，都可以做到泰然自若，不表现出不悦之色或骄矜之色。这样的人，领导才会放心地让他担当大任。

但事实上是，职场中，有一些人，当自己的工作有点成绩而受到上司表扬或者提升时，就在办公室中飘飘然地四处招摇，或者故作神秘地对关系密切的同事倾诉，而他们肯定不会忘记补充一点，和自己一起竞争的人被领导否定了，一旦消息传开来后，必会传到领导的耳朵里，领导自己不高兴不说，你牵连到你的对手，对方更加会对你恼怒，你以后在单位的日子肯定不好过。所以，职场得意，也别提及对手，否则只能给工作、友谊造成障碍。只有这样，才能让自己有一个良好的竞争环境和一个融洽的上下级关系。

职场范例：

销售主管陈伟因为工作业绩突出，且有一定的经验，在整个销售部的表现又非常好，被提任为销售部经理。当天，陈伟就被一群同事围住了，要他请客吃饭，陈伟无法推辞，便答应了。下班后走到公司门口的时候，被老总撞上了，便一起请了去。

其实，大家都不知道这次升职的内幕，有几个和他同级的主管都在竞争这个位子，有一个还是自己的搭档，论学历，那个搭档还在自己之上，可是结果却落选了，估计是领导有意为之。当陈伟还在想这些的时候，大家的酒杯已经举过来了，此时，陈伟很想告诉大家那个搭档落选的事，好让大家看看自己多有能耐，但是突然他又一想：不，千万不能说。于是他只淡淡地笑了一下，什么话也没说。因为他明白，这事不用说大家也知道，说出来反而影响自己的形象，伤害朋友间的感情。这样的做法才是最好的，也达到了最好的效果，自己在心里给自己庆祝不是也很好吗？而且老总还在，这样做，无非是让大家知道了老总偏心眼，对老总的形象也不好。

陈伟的这些心理活动似乎被老总看穿了，对他投来了赞许的目光，从那以后，老总对陈伟更加重视了。

分析：

陈伟的做法是正确的，在领导面前不提及竞争对手，会让领导对你宽广的心胸而感到敬佩，会更加重用你。

而假如你的竞争对手知道你曾当着众人的面羞辱过自己，那么，恐怕你们之间也会成为永远的敌人。

生活中，有很多人都把自己的竞争对手视为心腹大患，异己和眼中钉，肉中刺，恨不得马上除之而后快。当自己在竞争中胜出时，更是自鸣得意，恨不得让全世界都知道，但其实，这是一种错误的想法，别把自己的同行看成敌人，尊重你的竞争对手，做到化敌为友才是最重要的。因为你们的共同目标是为集体争取利益，“自相残杀”对谁都没好处。

那当我们得意之时，我们该怎样做，才能继续保持在领导心中的好印象呢？

1. 做好本职工作，荣誉已经成为过去

一个真正有心机的人，他是绝对不会滥用优点和荣誉的，他不会去享受荣誉，而会继续努力去做那些需要去做的事。正如俄国科学家巴甫洛夫所谆谆告诫的：“绝不要陷于骄傲。因为一骄傲，你就会在应该同意的场合固执起来；因为一骄傲，你就会拒绝别人的忠告和友谊的帮助；因为一骄傲，你就会丧失客观的准绳。”

同样，面对荣誉，我们要放下骄傲的姿态，继续做好自己的工作，而不是吹嘘自己如何战胜对手，这会让领导反感。

2. 喜形不露于色

的确，当我们接受荣誉时，内心肯定是喜悦的，毕竟自己在众多竞争者中获得成功，荣誉自是对自己能力的肯定。内心高兴固然可以，但是，无论有多大的波涛在你内心翻滚时，你都不要表现出来，都要藏在心里。这样做的原因有两个：其一，你心里的事是你自己的，让别人来一同承受是不公平的；其二，你都表现出来人家会觉得你这个人很浅薄，没有心机，什么事都藏不住。领导也不敢让你担当大任，因为你控制不住自己的情绪。

3. 别功高盖主

我们常常犯的一个错误，就是当自己取得一点小小的成绩时就得意忘形,不把领导放在眼里,在与领导交谈的时候,认为自己的成功已经证明了自己观点的正确性,于是,就把自己的想法强加给领导,以为领导的想法与自己一致,实际情况并非如此。由于领导所处的位置,他考虑问题的角度自然会与下级有所不同,领导更喜欢从第三者的角度去看待问题,力求看问题公正、客观。因此,你在与领导交往时一定不要自以为是,以为自己所想就是领导所想,这样做只能适得其反。

因此,当我们职场得意,不管是升官也好,发财也罢,切记要低调行事,不要谈论失意之人和失意之事,尤其是与领导交谈,这样既保护了自己,又能给领导留下一个好印象。

别在领导面前卖弄小聪明

职场中,总有那么一些人,自以为什么都懂,高人一筹,于是,待人接物,头头是道,即使在领导面前,也不忘炫耀一番,口若悬河、滔滔不绝,处处显示自己的过人智慧,殊不知,领导毕竟有领导的智慧,这样锋芒太露,领导会以为你把他当傻子,在日后的工作中自然不会让你好过。古人云:人外有人,天外有天,小聪明者,“唧唧于一隅之得而失天下”,得到一点儿蝇头小利便沾沾自喜而不管其他的了,卖弄小聪明的人并不是真正的聪明。

因此,千万别在上司面前耍什么小聪明,这无异于玩火自焚。耍小聪明,对于上司是有威胁的,他的权威和尊严完全被你踩在脚下,你要明白,他很可能已经看穿你所有的动机。我们知道,任何一个领导都希望自己的下属勤勤恳恳地工作,用成绩和领导说话,而绝非是口舌上的灵便。

有这样一个寓言故事:

据说,山狸是鹿的克星,而山狸则怕老虎,老虎怕马熊。

楚国有一个猎人，他的打猎本领并不是很强，但他是一个很会耍小聪明的人。在打猎的过程中，他用竹管削成口哨，能逼真地模仿各种野兽的叫声。他经常学一些动物的叫声，他可以学羊叫、鹿鸣，把黄羊、梅花鹿引到跟前捕杀。

一次，他又带着弓箭、火药等东西上山打猎了。他想捕到一些难得的动物，于是，他便用口哨吹出鹿鸣的声音，他想用这种办法把鹿引来。但是，让人没有想到的是，逼真的鹿鸣声把想吃鹿肉的山狸引出来了。猎人吓了一跳，连忙吹出老虎的吼叫声，把山狸吓跑了。但逼真的山狸声又招来了一只饿虎。猎人更慌了，急忙吹出马熊的吼声，把老虎吓跑了。他刚想喘一口气，一只张牙舞爪的马熊闻声寻来。这个只会耍小聪明的猎人再也吹不出别的野兽叫声来吓唬马熊了。他魂飞魄散，瘫成一团，任凭马熊扑上来把他撕成了碎块儿。

职场范例：

吴飞是某公司市场部的一名专员，倒是和经理关系不错，但自从发生了一件事后，经理仿佛看清楚了自己一直信任的下属的真面目。

有一天，公司要为新产品的设计方案开发布会，经理建议办一个新产品的宣传酒会，具体活动方案经理已经做好了，想在会上听听公司其他同事的意见，经理把活动方案拿出来给全体员工看，让大家发表一下自己的意见。当大家在一起议论纷纷时，吴飞对旁边的同事窃窃私语地说："咱们经理喜欢法国的葡萄酒，这次酒会可以多用这种酒。好几次吃饭，我看经理点的都是那种葡萄酒。"于是，这消息一传十、十传百，大家也都建议换掉方案上的白酒，而这也传到了经理的耳朵里。

经理知道此事后并没有动声色，到了年底时，除了吴飞之外，经理给所有人加了薪水还有额外的红包。吴飞自然气愤难耐，毅然地辞了职。一直到走之前，他才知道自己错在了哪里，这还是从同事那打听出来的："当你的下属发表意见的时候，你却不能肯定他是否心口一致，这不是挺可怕的吗？雇这样的下属，给他发工资，还得花心思研究他的心理活动，太划不来了。”

分析：

故事中的猎人不靠打枪行猎，而靠吹哨子“骗猎”，最终葬送了自己的性命。这个故事告诉我们，做任何事情都要凭真本事，靠踏踏实实的劳动，不能靠小聪明、靠蒙骗，否则就像这个猎人一样，下场一定会很惨。

这虽然是一个寓言故事，但是当今职场，这样的人却也不少见，和领导打交道，卖弄小聪明，到头来，吃亏的只是自己。

范例中的吴飞是个典型的因为卖弄自己的小聪明而丢了工作的人。作为领导，都希望自己的下属在自己面前是个透明人，否则，正如他说的，你在百忙中还得花心思研究你的下属在想什么，还要给他工资，实在划不来，也耽误工作。

的确，与领导相处，千万别耍小聪明，即使你对领导有意见或者满腹牢骚，或者对薪金不满到极点，也最好能够直接让他知道。

其实，职场中不乏这些例子，我们可以发现，能力相差不多的两个人，一个玲珑剔透，一个略显木讷，最后往往是木讷的那个得到提升。并不是上司看走了眼，而是玲珑的那个小花招太多，让比他聪明的上司感觉很不舒服，而那个木讷的人，看似木讷，但心里什么事都“有谱”。

那么，身处职场，和领导相处，该怎样把握“显”与“藏”的度呢？

1. 吃亏是福，多做事，少说话

那些卖弄小聪明的人一般整天游手好闲，只会耍嘴皮子，这样的人，一般在领导眼中会被认为是吃闲饭的人，即使领导现在不说什么，但会找个机会“治治”你，因此，想要与领导相安无事，还是要努力做好本职工作，并且要多做，领导并不是没有观察力，多做一些，你会得到更多。

2. 说话沉稳有力

踏实肯干的人一般不会在语言上逞强,说话沉稳有力是他们的特点,这会给人以信任的感觉。所以,我们在与领导说话的时候,要语速平稳、语气沉稳有力,摒弃轻浮的作风。

3. 即使胸有大志,也要韬光养晦

职场中,任何人都是有野心的,正如一句话说得好:“不想当将军的士兵不是好士兵”,但即使再有志向,也不能明目张胆地告诉领导。

工作中,无论是领导还是同事,要多看看对方的优点和长处,这样,表现欲也就能降低不少。总之,自己要多有一个心眼,不要一味地只知道卖弄自己的小聪明,这样下去只会害了自己。

谣言止于智者,别做流言的传播者

我们的社会是一个分工严密的等级社会,只要一上班就要与自己的领导打交道。与领导关系处理得好,个人心情愉快,工作也容易出成绩;处理得不好,不但影响工作,而且会严重损害自己的身心健康。

而我们发现,与领导相处不好的原因之一,是一些可有可无的小道消息惹的祸,也就是人们常说的流言飞语,大多数流言飞语往往都是一些无中生有、以讹传讹的信息。

对于流言飞语,我们不要打听,也坚决不做传播者。职场中,人多嘴杂,自然也有一些居心叵测之人,想从你的口中套出领导的隐私和八卦新闻,无论你知道与否,都不要参与其中,如果对方直接挑明了问你,你可以微笑,借口打电话或者随意搪塞过去,总之,不要使自己卷入这些是非之中。

要知道,一旦领导知道你参与了办公室某起八卦事件的传播或者发布,你的工作时间恐怕也就到头了。同事们也会对你敬而远之，因为没有人愿意把一个“不定时炸弹”放在自己身边。

职场范例：

杨思兰是一名刚毕业的大学生，学设计的她找到了一份服装设计师的工作，老板是个美丽优雅的中年女人。杨思兰打心眼里佩服她，一个女人撑着自己的事业，真是不容易。刚开始，杨思兰和同事们相处得很好，因为年纪悬殊不是很大，在一起也有很多共同话题，她对每个人都报以微笑，但很快，这个年轻美丽的女孩卷入了一场办公室是非中。

“八卦”恐怕是很多女性的共同“爱好”。杨思兰也知道这样做不对，但是也不便当面制止。很多时候，同事们在不断地说，她只是静静地坐在一旁听，什么都不说。

有一天吃午饭的时候，几个女同事凑在一起议论老板之所以会开现在的服装公司，是被情况所逼的，说老板的丈夫在坐牢，还欠了人家一屁股债，一个女人出来创业，真是不容易，偏偏摊上这么一个丈夫！这些人口若悬河、滔滔不绝，可杨思兰心里却很反感。正在这个时候，老板突然出现了，一脸怒气地钻进了办公室。从此，老板只要看到当时在场的几个人，都没好脸色。

杨思兰心想，这样完了，老板肯定已经产生误会了，认为自己也参加了这样的八卦新闻传播中，因此她心焦不已。不过，她没有急于向老总解释，而是在闲暇时刻意和爱说是非的同事保持距离。

从那以后，即使午休时间，大家闲来无事再在一起聊天，杨思兰宁愿趴着睡觉，也不去听那些流言飞语了。

老板渐渐地开始信任杨思兰，不再与她冷眼相对了。而那些同事却因再一次无中生有，超越了老板心理承受的极限，在支付了遣散费后，提前解除了她们的合约。

分析：

范例中杨思兰的做法是正确的，即使被老板误解了，也不必做过多的解释，正所谓“清者自清，浊者自浊”。人在被误解时往往会急于解释，到最后越描越黑，其实最好的解决之道就是保持沉默、沉淀心情，让时间替你解释一切。因为不存在的事并不会多说几次就发生，相反，一个人对你有偏见，也不是几句辩白就能改善的，真的不如把力气留在更有意义的事情上。正如杨思兰一样，远离那些八卦的传播者，自然会重新得到老板的信任。

而我们从范例中学到的是，“流言猛于虎”，在职场中，想要与领导、同事和谐相处，首先要尽量回避流言飞语，千万别去参与；如果被动地听到了什么，也要让流言止于己，而不要去做流言飞语的传播者。这样，你可能会获得更多人的信任，包括领导的信任。

我们不妨从以下几个方面努力：

1. 远离传播来源

很多时候，我们被领导误会是传播的来源，不是因为我们真的去散布一些小道消息，而是我们不小心加入到一些八卦言谈中。当同事们在聊一些八卦时，我们不要参与，更不要有任何评论，做好自己的本职工作，才是你的任务。

2. 对于一些流言飞语不要太热情

工作中，有时候，不是我们找麻烦，而是麻烦找上我们，比如，有些同事为了找个人和自己分享八卦，会主动找上我们，对此，你不要表现出太多的兴趣，因为一旦这样，你们之间就有了共同话题，你也就成了八卦的分享者，而你随便回应两句“那有可能吗”或“这样啊”就可以了，自知无趣的同事也就不会再来找你了。

弄懂领导的用意，别把批评当恶意

人非圣贤，孰能无过。身处职场也一样，在工作中，我们自然免不了会犯一些小错误，而作为领导，要站在公司大局利益和下属工作能力的增强等多重角度去考虑问题，对待我们工作的失误，自然是要提出一些批评的。而作为下属的我们，一旦被领导批评，或受到警告、指责时，心里都会不痛快。这是人之常情，毕竟，没有人愿意被否定，但我们不要因为被领导批评就产生抵触情绪，甚至对领导怀恨在心，因为这样，就把领导的好心当成了恶意。

尽管我们不能否认，有些领导批评下属，是为了一己私利，但这些情况毕竟是少数，勤勤恳恳工作的下属，领导又怎么会与之树敌呢？领导批评我们，不管是什么原因，肯定是对我们的工作不满，他批评你，是因为关心你，希望你可以在他的督促下积淀更多的工作经验，在他的督促下更好地表现自己，而一个领导如果对你视若无睹的话，他犯不着批评你。而如果你把批评当耳旁风，我行我素，其效果也许比当面顶撞更糟。因为，你的眼里没有上司，让上司面子尽失。

职场范例：

宋代大文豪苏东坡的才气是人尽皆知的，但他还有一段不为人知的从业经历。

他可以称得上是个少年才俊：22岁时就考中进士，27岁应中制科考试，入第三等。

北宋政府为了表示对人才的器重，任命苏东坡到凤翔府作通判，上任以后，苏东坡的工作就相当于现在职场的助理，他的任务是协助他的上司陈公弼处理日常事务。

陈公弼是一个老实严谨的人，做事认真细致，对于苏东坡每次写的公文都一字不差地审阅然后批注，经常把苏东坡的文章改得面目全非，而且几次还当着众人的面批评苏东坡，让苏东坡很是难堪。这些都让不拘小节、自恃才高的苏东坡心里很不舒服，于是，他决定“报复”一下陈公弼，以示自己的不满。一次，凤翔府衙的花园里修了一座亭子，要求各工作人员都写一篇文章表示对亭子的看法，苏东坡就写了一篇带有讽刺意味的对现实不满的文章。陈公弼对下属的这些做法并不介意，反而叫人把苏东坡的这篇文章刻于亭子上。其实，陈公弼对苏轼并无恶意，只是觉得苏东坡少年得志，缺少社会历练，对其以后的官场生涯会不利，因此常常设置一些困难来磨炼苏东坡。步入中年之后，苏东坡才逐渐理解了陈公弼的用意。此后，他对陈公弼非常敬重与怀念，于是决定为陈公弼立传。

苏东坡在一生中只写了四部传记，而关于当代人物的只有一部，就是——《陈公弼传》。

分析：

范例中的苏东坡原本以为上司陈公弼是故意刁难自己穿小鞋，到后来才知道领导是为了自己好，希望自己可以历练成才。其实，职场中也不乏这样的人，把领导的批评当恶意，不理解领导的苦心，和领导的关系搞得很紧张，其实，这主要还是我们不能以一个正确的心态面对领导的批评。

工作中犯错误是常有的事，被领导批评、吸取教训更是成才的必经过程，我们应该感谢领导而非抱怨，而且，一两次受到批评并不代表自己就没前途了，更没必要觉得一切都完了。如果受到一两次批评你就一蹶不振，打不起精神，甚至对领导充满敌意，这样会让领导看不起你，今后他也就不会再信任和提拔你了。

俗话说,“忍一时风平浪静,退一步海阔天空”。面对领导的批评,我们何不把它当成一场暴风雨,风暴过后自会平息,我们还要努力工作,面对新的挑战。选择审时度势,选择回避才是明智之举,当上司批评我们时,不明就里、逞口舌之快只会与领导树敌,作为一名员工,学会压制自己的冲动情绪,理智地看待问题是至关重要的,尤其是在领导面前。

理解领导的苦心,莫把批评当恶意,我们就要做到:

1. 用良好的心态面对批评

那些无法接受领导批评,不理解领导苦心的下属往往是没有摆正心态。在领导批评我们时,我们要保持冷静,既来之则安之,既然已经批评了,就干脆虚心接受。

2. 保持良好的态度面对批评

当领导批评你,他最看重的是态度,如果你能虚心接受,他的态度就会缓和很多,而即使是领导对你有误会,也可以等他心平气和以后,静下心来解释。如果真的是你的工作失职,那么最好在领导批评完之后,将被指责的事项“复习”一两遍,并尽可能地向领导陈述善后的对策或改善的方法,诚恳地请求领导给予指导。如果有机会的话,在事后也可以对领导的训诫表示一下感谢。

3. 让领导感觉到被信赖和尊重

让领导觉得他是被信赖和尊重的最直接的表现是,下属很愿意听他“教训”。但是,如果你不服气,满腹牢骚,那么这种做法产生的负效应是将会让你和领导的感情距离迅速拉大,最终导致关系的恶化。

第 8 章

分场合，说话适时给领导留余地

在任何人的职业生涯中，领导对于他来说都是极为重要的人。作为下属，只有与领导相处融洽，工作起来才能得心应手，效率倍增。一般情况下，领导无疑很在乎的是面子和威严，当一个下属处处顶撞他，他很难做到与你相安无事地相处。因此，我们在与领导说话的时候，一定要注意分寸，管好自己的嘴，给足领导面子，才能帮助我们和领导合作起来顺风顺水，让我们在职场中如鱼得水，左右逢源。

给领导台阶,别让领导下不来台

身处职场,我们每天都必须和周围的同事以及领导接触,学会为人处世以及说话都很重要。而作为领导,也和我们一样,每天都要面临各种人际关系。当你的领导在处理各种人际关系的时候,也会因经验或能力的不足而面临尴尬的局面,或与客户争吵,或被他的上司批评,或被同级嘲笑……面对各种压力,他们也有控制不住局面需要人帮助的时候。但是在自己的下属面前,他们又要保持一定的尊严,所以他们很少主动开口要求下属给自己提供帮助。因此,作为下属的我们,遇到这种情况,应该自觉地帮领导寻找一个台阶,以尽快让领导摆脱难堪的局面。如果领导遇到困境而你熟视无睹,一副事不关己的样子,那么他自然会找借口发泄对你的怨气。

职场范例:

小茜是某科技公司总经理办公室的秘书,她有个好朋友叫小妍,是办公室的档案管理员,两人关系很要好,又在一处工作,可以说是主任的左膀右臂。

有一天上午,她与小妍从外面办完事回来,刚进办公室,办公室主任就大骂小妍:“你这个管档案的是怎么回事?赶紧把××文件给我找出来!”见小妍想辩解,主任的火气更大了,根本不给她说话的余地:“还不赶快去找!”

从小到大,小妍娇生惯养,什么时候挨过这样的辱骂?这些辱骂让她很受委屈,她哭着冲进了洗手间。小茜在小妍来之前负责过档案管理,所以,她一边找文件,一边问主任:“发生了什么事?”

原来,就在10多分钟之前,公司老总来电话,让人马上把上周与日本方面签的几份投资意向书送过去。当时办公室只有主任一个人在,他平时不管文件档案这类具体工作，所以找了一阵没找到，因此老总在电话里大发雷霆："你这个主任究竟是怎么当的！连文件放在什么地方都不知道，你一天到晚到底在干什么！"

小茜赶紧把那几份文件找了出来递给主任。主任将文件送完回来后，脸色更加难看了，原来他到老总办公室后，老总的气虽然消了不少，但是仍然把主任数落了一通。当小茜把给主任沏的茶递给他时，他没好气地说："这个水怎么那么烫？你这个秘书是怎么当的？"见主任又把气往自己身上撒，小茜感到莫名其妙。她知道这个时候不能惹主任，便躲得远远的。

分析：

范例中，办公室主任为什么会把本来撒在小妍身上的气转给小茜呢？因为正当主任需要帮忙的时候，秘书小茜袖手旁观，甚至可以说是置之不理。秘书作为助手，应该随时关注自己上司的工作，以便在他需要自己帮助的时候给予帮助。如果小茜换一种方式处理这件事，比如，如果小茜找出老总所需要的文件后，不是交给主任，而是自己送到老总那里去，那么即使主任的脾气再大也不至于再朝小茜发火了，那小茜就主动给了主任一个体面地下台阶的机会。

作为下属，辅助领导完成工作任务是天经地义的事，但要想让工作开展得更顺利和愉快，我们还要学会和领导搞好关系，当领导陷入尴尬境地的时候，我们要帮领导寻找台阶，不仅能让领导平静正常地继续工作，让领导尽快恢复正常的工作状态，而且还能缓和气氛，最重要的是，领导会因此感激你，把你视为贴心的工作搭档。

学会帮领导找台阶，我们需要做到以下几点：

1. 揣摩领导的心思，了解领导的意图

很多时候，即使领导需要帮助也不会直白地表达出来，需要下属细心揣摩。原因有很多,但最普遍的情况是,领导碍于面子,不便随意表态,但倾向性意见不难猜测,这时你应该揣摩,不能强迫领导明确表态。与领导相处,最为重要的是那份"心领神会",形成默契。有些事领导还没说,你就已经做好了,领导当然会对你赞赏有加。凡事等领导发话你才做,便为时已晚,他在心里就已经给你打了低分。

2. 审时度势,学会打圆场

工作中,尤其是作为领导身边的下属,要学会见机行事,当领导陷入尴尬境地需要有人圆场时,我们不可置之不理,毕竟在很多场合,领导不方便开口求助。

3. 给领导台阶,切记要保住领导的面子

对于领导来说,面子是最重要的,给领导找台阶,也就是为此目的,切不可本末倒置。

不要随口拒绝领导,照顾领导的面子

身在职场,作为下属和员工,我们就得被人管理,接受任务,可是有时候,有些要求根本不在我们的工作范围内,也有一些任务,我们根本无法接受,面对这种情况,有些人默默接受,可是一旦完成不了,反倒招致领导的批评;而也有一些人,一旦认为领导的要求很无理或者无法完成,就脱口而出一个"不"字拒绝了领导。

诚然,面对上司合理的要求,你不应该拒绝,也不应该自恃才高,毕竟上司的工作经验比你多,你没有理由拒绝他。但面对无法完成的任务或者无理要求,我们要有自己的原则。但很明显,上面这两种做法都是错误的,即使拒绝上司,也要顾及他的面子,直接说"不",尤其在一些非私下的场合,会让领导失了身份和面子，可能当时领导不说什么，但心里一定不爽。

职场范例：

骆冰是一个幸运儿，大学刚毕业就进了一家外企，拿着高工资，让周围的人很羡慕，但这并不是偶然所得，她的确能力很突出，为此，她从不谦虚，更不理会那些师哥师姐们告诫的要在老同事面前谦虚谨慎的话。

骆冰是一个追求新潮和个性的女孩，在办公桌上贴满了自己喜爱的明星以及自己喜欢的个性照。可是，她的顶头上司却是一名40岁左右的古板女人，哪受得了骆冰的这些做法。于是，便三番五次找骆冰的茬儿，说办公桌上最好不要摆那么个性张扬的饰物和明星照片，这样容易分神，影响工作。骆冰听完后没想多少便回答："才不呢，经理，您这是不了解现在的年轻人，他们可是能边玩边把工作做好的一代哦。而且工作累了看看这些时尚的东西，也不失为一种很好的调节啊。您不妨也试试看？"经理听完倒是没说什么，以后也不再为这事说骆冰了。

在实习期间，骆冰就拿出了自己的水平，因为业绩突出，第一个月的奖金自然很高。女上司笑着对她说："刚工作便做出这样出色的成绩，可要请客哦。"骆冰听完，一脸掩不住的得意："这算什么啊，等一年后我有了更大的业绩，一定请你们去市里的大酒店大吃一顿！"

转眼，年底要到了，大家都开始忙起了年度评优的事，骆冰给自己算了一下，以自己的业绩，第一的位置非自己莫属，那这个先进奖，自然也应是她的了。

最后的结果，却是被一个次她一等，但在人前一团和气的同事夺了去。骆冰有点想不明白，便直接去找了领导。女上司笑眯眯地听骆冰发泄完，说："我正有一个消息要告诉你，因为工作关系，你暂时被借调到分公司去工作一年。"骆冰一下子呆住了，这个所谓的借调，其实是"遭贬"。

有一些好心的前辈对骆冰说："其实，你很优秀，但是我觉得除了学业、能力之外，你还要好好地学习一下如何说话和为人处世，职场不是校园，没有那么单纯；个性要有，努力要有，但与人说话，也是极其重要的，一个人的成功与否，有时候可能就会被一句话左右啊。"

分析：

范例中的骆冰本来春风得意，却因为得罪领导而被上司穿了小鞋，可谓是有冤无处申。刚开始，女领导因为看不惯年轻人的一些做法，而提出一些要求，虽然这些要求的确没来由，但即使拒绝，也要委婉一点，对她尊敬一点。而后来，当骆冰实习期间就取得很好的成绩，领导开玩笑要她请客时，她的语气也让领导很没面子。要知道，没有哪一个领导愿意自己的下属把自己踩在脚下，即使领导脾气再好，也会对你产生很坏的印象。

拒绝要讲究方法，不管上司的要求有多无理，断然拒绝都不是好的处理方式。在职场上游刃有余的人往往是那些与上司关系融洽的人，脱口而出的"不"字很容易得罪领导。

那么，我们该怎样拒绝那些我们不想完成的任务呢？

1. 尽量拿公司的规章制度说话

在很多公司，因为内部分工不是很明确，上司可能会叫你做这个工作，又让你做那个工作。如果公司的内部情况就是如此，你应该可以接受，因为这是公司情况所决定的。但是如果上司叫你做的事情，其实和工作完全无关，这个时候，你就可以提出自己的质疑，婉言拒绝了。

2. 从公司利益的角度让领导收回成命

领导最关心的还是公司的利益，如果你晓之以理，动之以情地告诉领导，你没能力完成，如果接手他的任务，会给公司利益带来威胁，领导一般都是通情达理的，也就不会过度为难你了。

3. 避开领导的痛处

范例中骆冰最大的错误就是戳到了领导的痛处，她说经理“不了解现在的年轻人”，这无疑是说经理是老女人，年纪是很多中年女人避谈的话题，骆冰犯下了职场最浅显的大忌。

所以，我们在拒绝领导的时候，一定要考虑他的面子，不该说的一定不说，想说的一定要会说。

把功劳让给领导，让领导感受你的诚意

我们与领导相处，一定要记住，领导是交际的主角，而我们则是配角，处于次要地位。这是交往规律，是由彼此的交往身份和交际能量决定的。我们要积极支持领导，热情配合领导，鞍前马后，服从需要，听候调遣，为领导增光添彩，这是合乎交际现实的，这样不仅不会损害自己的“身价”，而且还会取得领导的信任。而相反，如果我们不能退居幕后，不能摆正这层关系，处处显示自己的能耐，显示自己的才华，这往往适得其反，甚至会招来领导的记恨。

职场中，那些甘愿把功劳让给领导，能牺牲个人荣誉的人看似碌碌无为，其实，这些人是大智若愚，小小的付出可获得更多的信任。我们发现，这样的下属一般细心周到，与领导一起外出办公时，他们会把“露脸”的机会都让给领导，而不是只顾着和高层领导攀谈而冷落领导，当领导出了状况时，会随时站出来为领导解围。

职场范例1：

王晓义在外企当一名采购员，一次，总公司下达了一个采购命令，预计以1500万元购进一批钢材，正当采购部经理准备去钢材厂提货时，王晓义突

然想到另外一种采购方法，可以节约 300 万元，因为公司上次在建筑工地的好多钢材一直废置。采购部经理听完，很感激王晓义。但是，王晓义没有把功劳记在自己名下，而是以领导名义申报的，他面对领导的和广大员工说：“我真的是太钦佩领导的智慧了。”因为他的名言是：“领导第一，才有利益”。最后结果是领导得了荣誉，小王悄悄得了奖金，两人的关系更拉近了一步。

职场范例 2：

麦琪是一家公司的公关部职员，很擅长交际，主任外出谈生意时，总不忘带上她。她也充分发挥了自己的才能，和主任一起拿下了一个又一个较大的项目。在那次项目的新闻发布会上，来了好多记者，麦琪一直觉得自己很上镜。于是，她主动走到记者面前，充当了整个新闻发布会的发言人，忘记了这一工作理应是由主任来完成的。从那以后，很多露脸的事，主任再也不愿带上麦琪了。

分析：

范例 1 和范例 2 中的两个下属的做法不一，得到的结果也不一样。很明显，范例 1 中王晓义的做法是明智的，他把功劳让给了领导，为领导挣到了面子，领导自然会感激他。而范例 2 中麦琪的错误就是和上司抢风头，要知道这是职场大忌，忽视领导的感受，过于表现自己，领导失了面子，自然会不高兴。

其实，给领导增光添彩并不单纯是恭维领导，还需要我们巧妙配合，但万不可狂妄自大。那么，我们该怎样为领导增光添彩呢？

1. 牺牲个人荣誉，巧妙转让光彩

一个精明的英国人曾经说过：“一个人在世界上可以有许多事业，只要他愿意让别人替他受赏。”为领导增光添彩，有时候，我们要学会牺牲个人荣誉,你可以让他代你接受因你的设想或发明而得到的荣誉。如果你与你领导的关系十分牢固,你会发现这种做法将会有利于长远的利益和奋斗目标。

2. 找准“闪光点”,多往领导脸上贴金

对领导不恭维不好,恭维过度也不好。如果要恭维,就应该找准“闪光点”,最好郑重地讲给第三者听。这种恭维,不管是当着上司的面,还是在上司的背后讲,都能起到很好的效果,你将从中得到不可估量的好处。当领导脸上充满光彩时,你的脸上也会跟着充满光彩;领导提升,你提升的机会也就跟着增多。

3. 接受呵护,换来关注

适当地让领导帮助,更能体现领导的能力,这是变相给领导增光添彩。我们要让领导感觉到,他是力量的象征,在他面前,我们显得很弱小稚嫩,所以要接受并求得呵护。这一则是我们与领导交往所寻求和迫切需要得到的东西,二则作为领导,他也会从中获得扶持之乐,是一种自我价值的实现。

当然,在接受领导呵护的时候,一要尊重领导的愿望,二要适度得宜,不可仰仗、依附于尊贵者,这包括恰当的求助及一定程度的求教。这会获得领导的认可,并获取他的好感。

公共场合把风头让给领导

作为领导,无疑最看重面子和尊严。而作为下属,要想和领导和睦相处,获得领导的青睐,要想从领导那里学得职场经验,就必须给足领导面子。尤其是在工作场合,领导在场的时候你绝不能忘乎所以,绝不能只顾表现自己而忘记上司的存在,那样做的话,你虽得到了眼前的痛快,但可能失去了长远的机会。

任何人都有长处，也有短处，领导的学识、口才可能不如你，但他的经历和经验是你无法企及的。所以不要小看任何人，尤其是领导，他能到那个位置，一定有其原因。另一方面，领导的经验是一笔非常宝贵的财富，是一座富矿，值得你好好发掘。如果你看不起他，抢他的风头，他不会愿意教你的。职场上，如果能得到前辈的指点，你会少走很多弯路，大大缩短奋斗时间，只因为表现自己、抢风头而失去这样的机会，实在可惜。

要知道，大多的领导，即使非常欣赏下属的才华，他也不希望看到自己的下属风光无限，而把自己忘得一干二净。尤其是在公共场合，抢领导风头，最容易招致领导的反感。

职场范例：

小高硕士毕业以后在一家机关单位上班，他懂得好几门外语，可是却在一个高中没毕业的干部手下工作，小高自觉屈才，心里很不乐意，但是也没办法，谁让自己生不逢时呢？

有一次，领导要小高一起陪同一批台湾媒体客人，宴会上小高跟那些客人相谈甚欢，自己也觉得很得意。宴会结束一起往外走时，客人中的一位偷偷地对小高说："你很睿智，但要知道什么时候表现。"小高听了这话，觉得话里有话，他开始反思自己的表现，发现自己确实是太抢领导的风头了，一场宴会领导没有成为中心，他反而成了中心。

后来注意这个问题，他就发现了很多类似的情景，比如与韩国人在一起吃饭，自己懂点韩语，而领导一点也不懂，自己与韩国人聊得火热，偷眼一看领导，他正百无聊赖地研究鱼刺与鱼肉的分离关系。于是，从那以后，小高开始注意这个问题，尤其是出席一些重要场合，和周围人聊天的时候，也总不忘提到领导，称赞领导的英明带领。领导听了当然很受用，小高在单位也越来越受重用，成了领导的左膀右臂。

分析：

小高刚开始的做法的确不对，后来经人提醒，发现自己的失误。再遇到同样的情况时，他就知道了分寸，凡事先为领导设想，不至于抢了领导的风头。

其实，换种思维，领导代表的是一个部门，领导没面子，你的部门就没面子，假若你抢了领导风头，不尊重领导，代表你没教养，同时代表你部门的人没素质、不团结。倘若你遇到的是涵养高、素质好的领导，能包容你，倒也作罢，要是遇到心胸狭窄的领导，恐怕你的日子就没那么好过了。

那么，在公共场合，我们怎样才能做到不抢领导的风头呢？

1. 不抢领导的功劳

领导和下属出席一些重要的场合，比如聚餐，一般是为了庆功，在这种场合下，我们千万不要抢领导的功劳。

从客观上来讲，在一个单位工作，任何一项成绩的取得都不是一个人努力的结果，一定有领导的安排、指点、影响，有同事的协助、支持、配合，而在分享这一成果的时候，领导们要的很少，往往只是一个心理上的满足，而我们要做的就是满足领导的这种心理。

在公共场合，总是有些下属爱抢领导的风头，以为好不容易有一次表现自己的机会，一定不能放过，“演讲”完以后，的确是露了脸，可是这无形中也得罪了和你在一起的领导，有些领导固然不会表现出什么，也不一定当时就给你脸色看，但领导会记在心里，对你也会产生一个负面印象。聪明的下属则会迎合领导，把“光芒”让给领导，用自己的“黯淡”来衬托领导的“光辉”，这样的下属，何愁得不到领导的提拔？

2. 不该说的不说

在公共场合，我们一定要时刻保持清醒：该说的说，不该说的不说，切忌顺杆爬。那什么是该说的，什么是不该说的呢？把握一条：任何时候都不要当着领导在很多人面前表现自己，特别不能在众人面前抢领导的风头。公众场合中，在领导面前表现得愚钝一点才是聪明之举，只有你的愚钝才能显出领导的聪明。

另外，千万不要让任何荣宠冲昏了头，永远不要异想天开，以为上司喜欢你，你就可以为所欲为，受宠的下属自以为地位稳固，便开始肆无忌惮、胡作非为，最终失宠的事例简直不胜枚举。

3. 公共场合，维护领导的举止也要适度

作为下属，在公共场合，维护领导的权威和尊严是必要的，这也是下属应尽的职责，还关系到上下级能否建立良好关系。但是特别要注意，这种维护方式应当含蓄和隐蔽一点，千万不要太露骨了。否则会让人感觉你是一个溜须拍马的小人。当然，维护领导是有原则的，不能把对领导权威的维护当成对某个人权力的维护，甚至对领导的错误也极力掩盖。这种行为必然会引起群众的不满，遭到群众的反对。

总之，在职场，我们既要做好工作，也要尊重上司，这似乎比较难，其实做好了后者，更有利于做好工作，实际工作中两者一点也不矛盾。

巧借打电话，逃离酒桌应酬

我国的酒文化博大精深，酒是社会关系的润滑剂，喝的是酒，喷的是口水，讲的是关系，办的是事情。酒，可以让会谈者放松警惕或用酒融通感情，使己方处于有利地位。有句俗语："常在酒桌走，很难不喝酒。"尤其是当今职场中人，陪领导和客户谈生意，接见来宾等，都离不开酒。酒不喝到一定程度，宴会的目的就难以实现。因此，陪酒者一定要有能让客人达到那个度的特殊办法，才能处于主动地位，才能在宴会这个特殊的“商战”中立于不败之地，才能使酒的作用得到有效的发挥。

但事实上，在酒桌上，并不是每个人都能把酒言欢、觥筹交错，但作为下属，如果是领导亲自敬的酒，那非喝不可，而其他人敬酒，领导在场，也不便拒绝，于是，很多人陷入两难的境地，不喝，不给领导面子，喝了，三杯两盏下肚，就云里雾里，甚至醉得不省人事。其实，聪明的职场人士，会巧用方法，逃离有领导在场的酒桌应酬，既让自己免了酒精的痛苦，还能让领导感觉你确实已经尽力，不可强求，那就是巧借打电话。

职场范例：

阿文是一家公司的秘书，长得大方漂亮，日常工作倒是不忙，基本上就是打打字、整理一下公司的文件等，很简单的事情。但这并不是全部的工作内容，当大家下班回家休息时，她还要陪上司参加一些应酬，这倒无所谓，大不了累一些，回家晚一些，她最受不了的是要喝酒，她酒量不好，但又不好推辞。

一次，平时一样，晚上上司又有饭局。饭局上的人并不多，一共八个人，五男三女，其中老总居多。只有阿文是一名秘书，她本来不想去，但是上司要求，真是人在职场身不由己。

那些老总都是步入中年的人了，喝起酒来什么话都说，刚毕业不到两年的阿文非常不喜欢这种场合。

结果，酒到一半，老总们兴致盎然，开始做游戏助兴：“一人说一个荤段子，说得不好就罚酒。”段子讲到阿文这里理所当然地卡了壳，阿文低着头讲了一个简单的笑话，周围嘘声四起，“罚！要罚！罚和她老板喝交杯酒！”本来阿文听段子就已经面红耳赤了，此时一听要喝交杯酒，她脸涨得更红了，“腾”地站了起来。

正在不知所措时，突然自己包里的手机响了，阿文以为有人给自己打电话，可一看不是电话，是闹钟响了，原本是提醒自己这个时候要去陪男朋友买东西的，于是，阿文灵机一动，说："不好意思，我接个电话。"就这样，阿文借着打电话的名义逃出了酒桌，回来时，她对领导说："真不好意思，我爸打电话来说，家里有点急事，您看……"领导听到这话，很爽快地答应："去吧，家里有事不能耽搁。"阿文一看获得批准，立刻轻松了许多。

从那以后，阿文学聪明了很多，就拿酒桌应酬来说，她不会像以前那样，从服务员手里抓过酒瓶，倒满，一饮而尽，现在她学会了用电话来帮自己解围。

分析：

阿文很聪明，能随机应变，假装打电话，来避开酒桌上的尴尬，同时，也没有让领导丢了面子。这是挡酒的最佳方式。

有领导在场的酒场应酬，我们要事事考虑到领导，我们说话做事无不和领导挂钩，我们虽然只是他的一个下属，却代表着他所领导的部门成员的素质和水平，断然拒绝酒桌上任何人的敬酒都是一种有失分寸的行为，都会让领导难堪。但我们不妨巧施妙计，借助常用的通讯工具电话来逃离酒桌应酬。

但借助打电话避开应酬，也有一些注意事项：

1. 接电话比打电话更具说服力

我们很明白，接电话是一种被迫的行为，而假若我们在酒桌上打电话，则容易暴露动机，让周围的人看出你的意图。领导也是通情达理的，当你接到一个你没预料到的电话，急于离开时，他不可能多加阻挠。而且，你也给在场的所有人一个离开的理由，领导也不至于失了面子。

2. 同一方法不可长期使用

领导不是傻子，即使你每次陪同领导参加的宴会不一样，但如果你长期使用同一方法逃离酒桌，领导也会看出你的伎俩，可能领导为了顾全大局，当面不揭穿你，但背后一定会找机会让你“知道”你侮辱了他的智商。

3. 说好抱歉的话

当你借电话之故离开时，你不妨对在场的所有人说一些抱歉的话，理由充足，态度谦虚，领导面子也过得去，自然不会怪罪你。

防患于未然，避开另类“骚扰”

当今职场，女性已经占据了半边天，可以和男性平起平坐地在职场打拼。但由于性别的差异，很多职业女性在工作单位里遇到的多是男性领导，在现实中大多数上司是正派的；但同样有一些男性领导居心不良，作风和行为并不正派。对于这类“骚扰”，我们一定要巧妙应对，不要让这类情况影响到自己的工作和生活。

职场范例：

安平是一名秘书，相貌出众，但她生性腼腆，也不喜欢和异性交往，公司很多男性追求她，都被她婉言拒绝了。

但从进公司后，不到半年的时间，安平就成了公司里有名的“义务交际花”，领导每次约见重要客户都要带着安平。这让安平很苦恼，更要命的是，领导好像对安平也产生了一些好感，不时向安平发出一些暧昧的信息，其实，安平知道，领导有家庭，他不能这样做。

果然，领导开始频频向安平发出私约邀请。为了不得罪领导，安平随叫随到，不想领导“一根筋”，硬是“认准”了安平的不拒绝就暗示着接受。其实，安平只是不想得罪领导罢了。

终于有一天，“可怕”的时刻到来了，领导让安平“表态”。

“我有男朋友了。”安平说。“我查过，你没有。”领导一点都不死心，“我现在不想谈恋爱，”安平说。“没关系，我们可以慢慢相处。”领导依然不死心。

安平想来想去，只能和领导摊牌了。

安平是这样对上司说的：“我来这里是为了工作的，而不是谈恋爱的，其次，这段时间我很累，我想好好休息，请准我三天的假，让我好好调整一下。”

领导看了看态度坚决的安平，微笑着说：“对不起。”

分析：

范例中安平的情况恐怕很多职场女士都遇到过，她们一贯的做法，要么离开公司，另谋出路；要么投降认命。其实，这两种方法都是错误的，安平的做法就很好，巧借请假的理由让领导明白自己的真实想法，也就不再纠缠了。

作为领导的女下属，不要和领导扯上任何工作之外的关系，否则不仅会影响到工作，对于自己的声誉，以及领导的面子都会有影响，因此，我们只能防患于未然。我们可以从以下几个方面入手：

1. 不轻易接受特殊关照

办公室的一些是是非非往往不是空穴来风，总是有一些由头。事实上，多数情况下，领导对你的特殊优待常是“别有用心”的，为什么其他同事没有这样的待遇呢？你需要注意以下情况：领导总是给你安排一些省力的工作；涨工资的名单里，总是有你的名字，而你在工作上也并没有什么出色的表现；领导经常会在你的办公桌上放一些小礼物；你的手机上总是出现一些领导发的暧昧短信。

当领导对你有特殊关照时，你不能默默接受，而是需要多考虑一下：这些特殊照顾是因为你的工作表现吗？上司为什么要给你这种特别关照呢？

没有合理的原因，不要轻易接受。轻易接受上司的特别关照，一方面容易引起其他同事的疑心，使自己处于是非中心；另一方面，一旦上司有不良企图，你就会嘴短手软，失去抵抗的勇气。

2. 将你与领导的关系停留在工作层面

即使我们在工作上遇到了不顺的事情或者是初来乍到，也不要将任何苦楚向上司倾吐，要知道，当你倾吐完以后，一般领导的确会同情，但也有少数心怀鬼胎的领导，会产生歪念，以为你需要他的特别关照，这很容易造成误解。

3. 不过度体贴领导

下属关心领导，天经地义，但是尤其作为一个女下属，不要过分体贴领导，一定要掌握分寸，要有所选择、要公开。对上司的个人生活和健康状况表现出过分体贴，既容易使旁人产生误解，引来流言飞语，同时也易于激发上司对你产生超越一般上下级之间的情感，致使双方都步入尴尬的境地。

4. 避免单独和领导出入一些公共场合

很多下属和异性领导打得比较火热，经常和异性领导在下班后一起喝酒、吃饭，毫无顾忌，可能你自己并没有多想，可是在一些公共场合，很容易被同事看到，引起别人的误会。再者，也容易让领导误会，在工作中也会引起不必要的尴尬。其实，与领导打好关系，可以选择正确的时间和地点，谈话内容以工作为主，少聊私人话题，这能有效避免一些是非。

5. 小心以出差为名的骚扰

作为下属，为了工作，陪同领导出差，这是理所当然的，也是工作范围以内的事。但你在接到领导的任务时，一定要多留一个心眼，为什么公司那么多人，领导偏偏选择你陪同他出差呢？为什么当天可以返回的旅途，要次日返回呢？为什么出差过程中，领导更多的时间是与你单独相处呢？这些都应该提防一下为好。

做到以上几点，和男领导之间保持一定的距离，就能有效避免一些骚扰的发生，否则，当事情发生时，你如若拒绝领导，则会伤及他的面子，你在公司也没有好日子过了。

第9章

有气氛,说适合领导的幽默之言

幽默在日常的交往与生活中发挥着重要的作用：在交际过程中陷入困窘局面,便可以拿起幽默的武器,化解尴尬,摆脱困境;即使是想批评或劝诫、拒绝、反击别人时,幽默同样能发挥其春风化雨、润物无声,曲径通幽的效果。同样,在工作中,与领导相处也一样,我们不妨多用用幽默。幽默能为我们争取机会,能化解领导对我们的误解,更能让领导了解你的人格魅力等,即使是拒绝领导,既能不伤及领导的面子,又能赢得领导的好感。总之,懂得幽默,能让我们在工作中更加顺风顺水。同时,为了让我们的身体和心理更健康,并拥有一个良好的精神状态,我们更应该学会幽默。

激发领导兴趣，创造与领导沟通的机会

无论在生活还是工作中，没有人不喜欢幽默，幽默能让紧张的气氛瞬间轻松起来，能让伤心的人破涕为笑。同时，幽默是自信的表现，是善于处理人际关系的反映。可以说，哪里有幽默，哪里就有活跃的气氛；哪里有幽默，哪里就有笑声和成功的喜悦。为此，身处职场，与领导相处，你也需要来点幽默，尤其是在有众多竞争者存在的情况下，幽默可以为你创造机会，因为领导也不喜欢非常严肃、紧张的竞争环境，幽默可以让领导看出你的素质，从而记住你、欣赏你，使你在竞争中脱颖而出。

面对竞争，通常情况下，我们都会屏住呼吸，生怕出一点错误而被淘汰，然而正是不能突破这种守旧的思维，才让我们只能循规蹈矩，缺乏新意，领导的兴趣也就不能被激发，假如我们能突破常规，来一点幽默，就能吸引领导的眼球，主动给自己制造一些机会。

职场范例：

杨凡是一名刚毕业的大学生，大学学的是报刊编辑专业，毕业后，也和众多的大学生一样，进入每天投简历、面试的生活中。有一次，他去应聘一个炙手可热的职位，简历寄去后大概两星期左右，对方就将“非常遗憾！未能录用”的 E－mail 发给了杨凡。但他并没有死心，采取幽默的方式做最后的一试。他回了一封信：“既然您对未能录用的我如此遗憾，为什么不给我一次面试的机会呢？”不知是不是这封信起了作用，后来他得到了这家日报社的面试机会，而且再次用幽默一举成功。

其实，在入围面试的十人中，无论从学历，还是所学专业来看，他都处于

下风,但他的幽默感的确引起了评委的注意。

在面试时,当问到第三个问题"谈谈你的优势与不足"时,他说:"我的优势是有过两年的办报经验,并且深爱着报业这一行。每当我拿起一张报纸,我总不自觉地给人家挑错。哪个题目显得累赘,哪个词用得不合适,哪个错字没有校对出来,版面设计不合理,碰了题,通栏了,等等,甚至有时上厕所,也忍不住捡起别人丢在地上的烂报纸看。"听到这里,评委们不约而同地笑了。

事后他了解到,一开始他并不被看好。然而其他参加面试的人回答问题过于"正统"和"死板",正是他的灵活和幽默让挑剔的评委们觉得他更适合干记者这一行。于是,他脱颖而出,被录用了。

分析:

范例中的杨凡之所以能力一般还能从众多竞争者中脱颖而出,成为一个幸运儿,就是因为他善于运用幽默,不拘一格,没有一般面试者的"死板"和"正统",让领导觉得他适合干记者这一行。

而这也给很多身处职场的人一个启示,在竞争中,不妨用幽默去引起领导的兴趣,当领导的眼球被你吸引以后,你就会有更多的机会表现自己,胜出的机会也就更大。

的确,幽默在人际交往中的作用是不可低估的。正如美国一位心理学家说过:"幽默是一种最有趣、最有感染力、最具有普遍意义的传递艺术。"幽默的语言,能使社交气氛轻松、融洽,利于交流,幽默调节了紧张的人际关系。

那么,我们利用幽默给自己争取机会的时候,需要注意些什么呢?

1. 不要拿对手开玩笑

竞争中的幽默是不针对任何人的,尤其不能针对领导和竞争对手。

有些人以为拿对手开玩笑，让对手出丑，能把对手比下去，实际上，这种想法是极其错误的，领导什么都看得见，小肚鸡肠的人是不会被委以重任的。

其实，面对竞争对手，我们要有良好的心态，我们要知道，往往是竞争越多，就越可以证明自己。但是如果你今天想办法灭掉竞争对手的话，最后你会变为一个“职业杀手”，你最后都不知道自己在干什么。你要尊重竞争对手，只有这样你才可以提升，只有竞争才可以提升，不仅如此，一个优秀的竞争者可以让你学到很多东西。你可以从对手身上学到很多东西，对手同样也可以给你带来利益。

2. 幽默要以积极的基调

我们在运用幽默的时候，万万不可指桑骂槐，带有任何针对性，幽默的作用是引起兴趣，而不是讽刺、批判。

3. 善于运用创造性思维

很多人在运用幽默的时候，一不小心就成了冷笑话，其实，要想幽默起到该有的作用，就必须一反常态，运用创造性思维，然后只要把握分寸，就能让你的领导开怀一笑，给你一个好的印象分。

用幽默的言辞，化解与领导的误会

身处职场，作为下属，都知道与领导搞好关系的重要性，希望能与领导建立起良好的人际关系。但事情往往不以人的意志为转移，事实上，每个下属很难避免在工作中与领导产生一些或大或小的摩擦，领导对下属的看法和成见，除个别的有复杂的原因以外，很多时候也是领导对下属的误解，我们要做的就是化解误会，重新树立自己在领导心中的良好形象。

可是有句话叫做“越描越黑”，我们越是解释，可能越会给领导留下想推卸责任和狡辩的印象，所以，与其解释太多，不妨尝试换一种思维，用幽默化解，当领导开怀一笑后，误会也就解开了。

职场范例：

王翔一直是个本本分分的员工，领导对他的印象一直也很好，几次开会还当着众员工的面表扬他，但后来的一件事，彻底改变了领导的想法。

王翔身体一直不是很好，但尽管这样，还是每天坚持工作。有一天晚上，王翔得了急性肠炎，一直拉肚子，早上难受得很，就给领导打电话说肚子不舒服，和他请个假，领导当时也说：“行，休息一天吧。”很自然对话就结束了。

第二天，因为单位事情很多，王翔就留下来加班。前一天晚上王翔的急性肠炎已经好一点，就硬撑着接了一些工作，一阵子忙完以后，王翔到隔壁办公室溜达，同事告诉他说：“前天你走后，领导对我们说你拉肚子是装的。”王翔一听，心里很委屈，自己从来没有迟到早退，也从不动不动就请假，可领导怎么能这么想？就因为拉肚子请个假，整出这么个误会，王翔觉得一定要向领导解释清楚。

但王翔一直没找到合适的机会，有一天，王翔的急性肠炎又犯了，疼得厉害，他捂着个肚子去找领导请假，他敲门进去，就对领导说：“经理，我头疼，能准我一上午的假吗？”领导一看好奇怪，就回答说：“你怎么捂着肚子说头疼？”

“我上次捂着肚子说肚子疼，你误会我，说我装的，那这次，大家建议我换个方法，说头疼，你也许能相信。”王翔腼腆地把话说完了。说完这些，领导扑哧一声笑了，答应了王翔的请假，还让他回去好好休息。

就这样，一场误会解开了。

分析：

王翔是聪明的，他的这种情况，按照常规方法去和领导解释，恐怕只会越描越黑，而且，因为领导误会王翔的事只有同事们知道，一旦王翔找领导解释，还会让领导觉得王翔是一个爱打听小道消息的人，对王翔的误会就会更深。

而王翔采用幽默的做法和语言，虽然领导知道了这些，他最终一笑了之，一场误会也解开了。

职场中，我们和领导的关系如何，不仅关系到我们自己工作的愉快与否，更关系到整个企业内部的运作，美国阿克伦大学教授艾伯特·库奇指出："企业员工之间发生争吵或是互相记恨的话，企业的生产效率会大打折扣。"库奇教授说，许多争吵的根源实际上无非是些鸡毛蒜皮的小事情。我们和领导之间的小矛盾，也是完全可以化解的，尤其是巧用幽默，更能起到意想不到的效果。

那么，我们在用幽默化解误会的时候，要注意哪些问题呢？

1. 欲速则不达，稳控整个交谈局势

和领导交谈的目的是为了化解领导对我们的误会。对我们的错误认识，是领导自己形成的，也要领导自己得出"冤枉"了我们的这个结论，而这个过程，我们一定要掌握主动地位，急于求成往往容易弄巧成拙，演变成是我们在领导面前耍手段，这样更得不偿失。

2. 不能否定领导原先的判断

尽管我们被误解，可是我们不能直接提出来，这样，会让领导失了面子，迁怒于我们，而通过幽默，让领导自己得出结论，这样，他就会发现自己错了，即使不说出来，也在心里对你大为改观。

3. 语气委婉，不可冲撞领导

我们的目的是改变在领导心里的不良印象，即使我们有理，也不能态度蛮横，这无疑会加重我们的“错误”，语气委婉，不温不火地说出来的幽默才更有冲击力，领导才更容易接受。

别让气氛沉默太久，学点避免冷场的技巧

美国一位心理学家说过：“幽默是一种最有趣、最有感染力、最具有普遍意义的传递艺术。”幽默是缓解紧张气氛的灭火剂。而同时，幽默也是打破沉默的助燃剂，死气沉沉的气氛能因为一句话而变得轻松活跃起来。

身在职场，与领导交往也一样，很多时候，尤其是领导在场，慑于领导的威严，我们往往会如履薄冰，不敢多说一句话，但正因为如此，交谈氛围会变得很凝重，此时，我们不妨幽默一点，打破沉默，缓解气氛，让领导欣然一笑。

职场范例：

斯蒂芬是一个广告公司的职员，没什么大能耐，就是会说话，还很有幽默细胞，说出来的话总是让周围的人觉得很动听，因此，人缘关系混得很好，就连领导都喜欢他。

有一次，公司出了点状况，主任召开紧急会议，大家手忙脚乱地来到会议室，谁也不敢说话，而领导也是夹着个公文包匆匆忙忙走进来，大家觉得肯定少不了一顿批，前几天，斯蒂芬还和领导以及同事们在一起讨论存在方式的问题，有人开玩笑说，我们的存在方式就是为公司努力，为自己加油！领导当时听了很高兴，可没想到几天工夫，可能有人就要为公司这次出的问题负责，甚至要走人了。

领导进来了，突然，他一不小心撞到了门口架子上的花瓶，“哐当”一声，花瓶碎了，大家更害怕了，领导这次要大发脾气了。

正当大家都低头盘算的时候,斯蒂芬来了一句:“你们看,这就是这只花瓶的存在方式!”领导一听,当场笑了,说了一句:“斯蒂芬,还是你脑子快,那你看,这次的事情怎么解决?看你能不能救大家一命,证明你的存在方式?”大家一看领导已经笑了,也都轻松了很多。接下来,斯蒂芬把自己的解决方案诙谐地说了出来,领导听了,果真很受用。最后公司没人因为此事受到牵连。

分析:

范例中斯蒂芬的确脑子快,在大家处于沉默尴尬的时候,说出一句缓解气氛的话,原本领导可能要拿谁开刀,在听到这句幽默的话后,思维也开始理智起来,想到了如何解决问题,事情也就自然过渡到常规方式上。

的确,在与领导相处的过程中,只要我们学会并且善用幽默,我们会发现幽默的力量真是无穷大。运用幽默的方式来处世,我们会活得更加轻松愉快。幽默是一个人智慧、机灵、学识、风趣的综合表现,是一种积极乐观的人生态度,它反映了一个人在待人接物中内在的精神自由。当你运用幽默的时候,无疑会向领导传达你自身的这些信息,让他开怀一笑,于人于己都有好处。

幽默是一种优美的健康的品质,也是现代人应该具备的素质。那么,作为职场中人,我们应当怎样培养自己幽默谈吐的能力呢?

第一,要有渊博的知识和宽阔的胸怀,对生活充满信心与热情。

拥有宽广的胸怀,我们的幽默才更积极;拥有渊博的知识,我们的幽默才更有水准。

有一位年轻人,很有能力,年纪轻轻就当上了部门经理,让一些其他部门的经理很是眼红。于是,有人在一次公司职员颁奖会上突然问这位部门经理:“先生,你刚才那么得意,是不是因为当了公司销售部经理?”这位经理立刻回答说:“是的,我得意是因为我当了公司的经理。这样我就可以实现从前的梦想，见一见总经理夫人的芳容。”当时公司的高层领导包括董事长在内，都为他宽广的胸怀和机智的头脑感到佩服，一个个都笑了。

这种类似的情况，在我们的工作中真是层出不穷。当你遇到这种情况时，你是怒发冲冠？还是保持沉默、自个儿生闷气？这些都不是聪明人的做法，而幽默置之是值得我们学习并推广的。因为这样做，不仅打败了敌人，也争取了朋友。

第二，要有高尚的情趣、丰富的想象、开朗乐观的性格。

具备这些，才能成为幽默风趣、自然洒脱的人。

幽默虽然能够打破沉默，调节气氛，促进与领导关系的和谐，促进人际关系的和谐，但倘若运用不当，也会适得其反，激化与领导的冲突和矛盾。

在一家饭店，一名下属正在陪领导吃饭，领导生气地对服务员嚷嚷道："这是怎么回事？这只鸡的腿怎么一条比另一条短一截？"下属一看气氛很尴尬，需要圆场，于是，开着玩笑说："张总，其实，那有什么！你到底是要吃它，还是要和它跳舞？"服务员扑哧笑了，而领导听了十分生气，当场扔下筷子走了。

所以，幽默应高雅得体，态度应谨慎和善，不伤害对方。幽默且不失分寸，才能促使人际关系和谐融洽。

用风趣的语言展现幽默的魅力

幽默和魅力是一对效力惊人的组合。幽默是一种智慧，是一种聪颖，是一种机敏，凡是幽默的人无不具备一种俯瞰茫茫人世的洞察力，一种居高临下，笑看芸芸众生的优越感。他有一种自知之明，他知道世界上一定有很多自己"摆不平"的人和事，但是他可以用一种独特的视角和心境去"摆平"自己从而泰然、怡然地走向坦途。正如贺瑞所说："遇到大事，比起一本正经的

态度，开开玩笑能够更有效、也更开心地解决问题。”能改变的全力去改变，不能改变的学会适应，并用智慧区分两者的不同，这就是一种人生达到一定境界的豁达和幽默。

所以，幽默就是一种个人魅力的展现，当然，身处职场，展现魅力的方式有很多种，但幽默无疑是最轻松、最与众不同的，尤其是在与领导交往的过程中，严肃、压抑的工作中突然出现的幽默能让领导眼前一亮，他看到的也是与众不同的你。

职场范例：

王雨是一名快递公司的职员，这个工作需要的就是吃苦耐劳，有时候下班时间过了，他还一直坚持把手头的任务完成，坚决不留到第二天。敬业的精神，让公司无论是职员还是领导都很敬重他。

可是不幸的事发生了。有一次，天都黑了，王雨还是骑上自己的电动车要送完最后一个快递。当他骑上车离开公司，刚好拐弯上马路的时候，突然来了一辆卡车，连方向灯都没打，王雨重重地撞在了那卡车上，而醒来的王雨已经躺在了医院，医生说，他再也站不起来了。

同事们都来看他，心里说不出的难过。很快，王雨出院了，公司的快递工作是做不了。那天，几个同事搀扶着他进公司收拾东西，看着同事们难过的样子，他不禁开玩笑道：“不是我腿脚功夫不好，明明是道路不平。”一句幽默不仅卸下了他自己心中的巨石，也给别人减了压。

后来，领导经过考虑，让王雨担任了办公室的工作，大家都笑王雨是因祸得福。

分析：

幽默是解除心灵病痛的良方。无论是别人帮你治疗，还是自己服用，幽默总会让你药到病除。幽默更是一种生活态度，它用机敏和睿智给人们带来快乐。范例中的王雨就是个幽默的人，他的一句让大家释压的话，展现了他良好的心态和个人素质，而领导自然会把这一切看在眼里，一个心灵健康、做事认真负责的人何愁得不到重用和领导的信赖呢？

幽默是一种智慧，要达到幽默的效果，需要幽默者具有高雅的情操、机敏的头脑、善变的处事能力等，这样，幽默才具有强大的感染力和影响力，才能够创造一种轻松自由的环境气氛，从而成为人际交往的润滑剂。

所以，在日常工作中，我们要学会幽默处世，尤其是与领导相处，更要打破常规，不要慑于领导的威严而毕恭毕敬，这种情况下的下属充其量只是一个听从命令的工具，而不是一个具备丰富个性魅力的人。但是，我们在用幽默展现个人魅力的时候，应该注意哪些问题呢？

1. 不可过分张扬

在领导面前，我们说话幽默风趣，只是为了展现个人魅力，让领导更深入了解我们的内在品质。而我们表现自己，一定要注意，不可过分张扬，否则，只会适得其反，没有哪个领导喜欢太爱表现的下属。

2. 不要要小聪明

真正的幽默是让人诙谐一笑的，更是需要幽默者的知识积淀和良好的心态，否则，说出的幽默只能是小聪明。

3. 不要开黑色玩笑

有些下属认为，让领导开心，就要和领导开玩笑，于是，不经意地开出一些黑色玩笑来。其实，这是错误的，黑色玩笑无疑会让领导对我们产生想法，毕竟你让他的尊严受损，而且，我们的目的是展现个人魅力，幽默的落脚点是我们自己，而不是领导，开别人玩笑达到的也是关于别人的效果。

学点自嘲的本事，巧妙拒绝不当要求

幽默在人际交往中的作用很明显，其中很重要的一项就是自嘲，即自我嘲弄，表面上是嘲弄自己，但实际上却另有所指。当我们遭遇一些尴尬的情景时，这时如果用几句幽默的语言来自我解嘲，就能在轻松愉快的笑声中缓解紧张尴尬的气氛，从而使自己走出困境。

一位著名的钢琴家，去一个大城市演奏。钢琴家走上舞台才发现全场观众坐了不到五成，见此情景他很失望。但他很快调整了情绪，恢复了自信，走向舞台的脚灯对听众说："这个城市一定很有钱，我看到你们每个人都买了两三个座位的票。"音乐厅里响起一片笑声。为数不多的观众立刻对这位钢琴家产生了好感，聚精会神地开始欣赏他美妙的钢琴演奏。正是幽默改变了他的处境。

身处职场，我们与领导相处，不可避免地也会出现一些令双方尴尬的事情。此时，如果能恰当地运用自嘲，就能帮你走出尴尬。自嘲运用得好，就能让你与领导间的尴尬变成笑声，在笑声中展现出你非凡的智慧和人格魅力，还能让领导对你的智慧刮目相看。

职场范例：

小元是一名秘书，工作勤恳，深得老板喜爱，但正因为如此，老板很多事情都喜欢交由小元独自处理，毕竟自己只是个秘书，很多事情能力不够，无法处理好。

有一天，和老板关系非常要好的一位报界友人邀请他到一个编辑大会上发言，老板并没有做过编辑，对编辑工作一无所知，所以出席这样的会议肯定是不合适的，于是，他就把事情推给了小元，让小元说他很忙，由小元代为发言。这可不行，小元自己也没有做过编辑，更不懂这些，小元正准备拒绝老板，可一想直接拒绝老板不太好，于是小元给老板讲了一个这样的小故事："有一次，我在森林里遇到一个骑马的妇女，我停下来让路，可是她也停下来，目不转睛地盯着我看。她说：'我现在才相信你是我见过的最丑的人。'我说：'您大概讲对了，可是我又有什么办法呢？'她说：'是的，你生了这副丑相是无法改变的，但你还是可以待在家里不出来啊！'"老板不禁为小元幽默的"自嘲"而哑然失笑，同时也明白了小元的意思，于是就不再勉为其难，直接给友人打电话拒绝了。同样，也是用的这个小故事。

分析：

小元拒绝老板的办法很巧妙，用的就是自嘲的办法，这种尴尬相信很多人都遇到过，但是面对领导，谁敢直接拒绝，毕竟没人敢得罪领导，可是又不知如何拒绝，此时，你不妨采用这种"自嘲"的办法，让领导知道我们的难处。

其实，"自嘲"不仅能帮助你拒绝老板的一些要求，还能帮你解决很多事情，化解和老板之间的尴尬，主要有以下几种：

1.窘迫难堪时，帮你抽身而退

工作中，有些领导为了试探下属的应变能力，也有一些领导故意表现自己"整人"的能力。故意找下属的茬儿，让下属难堪，然后静观下属的处理方式，此时，如果你动怒，就中了领导的计，而如果你能巧妙运用"自嘲"，就能体面地脱身。

在一家公关公司的年终庆功宴上，有个股东，因为一名部门经理曾经得罪过他，但一直找不到机会出气。出于对领导的尊重，那名经理很有礼貌地走过来给他敬酒，但这个股东却将啤酒洒到了部门经理的秃头上，全场的人也都目瞪口呆，以为这位部门经理要对他不敬了，宴会厅鸦雀无声。此时，部门经理没有发怒也没有生气，而是微笑着对站在自己对面的股东说："张董，你以为这种疗法会有效吗?”在场的人，闻言大笑起来，宴会又恢复了一片欢乐。

部门经理一句幽默的“自嘲”，不仅化解了尴尬，摆脱了窘境，而且还展示了自己大度的胸怀。

2. 面对故意挑衅时，帮你巧妙反击

这种情况，一般是因为下属有意无意地得罪了领导，领导借机报仇、教训你而已。面对领导的挑衅，如果你公开动怒的话，会显得你很没风度和水准，但幽默风趣的“自嘲”会是你一件反击的利器。它会让你以退为进，在无声无息中表明你的立场和态度，给对方以回击。

3. 遇到突发事件时，帮你从容应对

天有不测风云，人有旦夕祸福，在工作中，我们也可能会遇到一些突发事件，让你感到措手不及，一时不知道如何应对，使自己陷入尴尬的境地。而领导会静坐观察你的处理方式，这也是考察你工作能力的时候，此时，如果你善用“自嘲”，就能巧妙地化解尴尬。

一个叫李君的青年结婚时，很多领导前来祝贺，他自觉是受宠若惊。当新娘子被众星捧月一般接进洞房时，贴在吊灯上的大红喜字被震落下来。这在结婚时可是大忌讳，代表着不吉利。洞房内顿时一片寂静。正在这个难堪的关头，新郎急中生智，突然喊道：“喜从天降，太好了，太好了！这老天爷看我娶新娘也来道喜，凑热闹来了！我李君何德何能，竟敢劳驾老天爷您老人家来祝贺呀!”一场尴尬就这样在人们的赞叹声和掌声中化解了，洞房又恢复了喜庆的气氛。而领导也高兴得直点头，在日后的工作中，大事小事都问李君的意见。

总之，在与领导相处的时候，当你学会了如何运用“自嘲”时，你也就掌握了化解尴尬、维护尊严和制造快乐的一种有效办法!

第 10 章

有原则，与领导说话最应该注意的问题

身处职场，与领导说话是一门学问，有可说乃至必说之话，但也有不可说乃至绝对不可说之话，甚至说话的尺度，这都是作为职场之人的我们应该注意的问题。比如，千万别在背后诋毁领导；也别让领导听到你在办公场所议论隐私；别喋喋不休地对领导提意见，而没有一条解决方案；而最为重要的是，不要深陷职场领导间的矛盾而毫不知情地成了牺牲品。积极留意这些，你的职场之路走得会更稳当、平坦！

积极与领导沟通，主动找领导谈心

当今职场，与领导相处得和睦与否的重要性已经不容分说，但事实上，我们与领导的关系也只能是停留在互不干扰的层面，主要原因还是因为我们在与领导沟通的时候太被动。领导与下属之间似乎有一条警戒线，让作为下属的我们不敢靠近。

工作中，我们与身边的同事打得火热，自然很熟悉，但由于职位悬殊，我们对坐在硕大的办公室中的领导知之甚少，但我们要明白，真正决定我们职业命运的是领导，因此，我们要想抓住加薪、升职的"尾巴"，就必须抛开胆怯，主动地与领导沟通，学会更好地与上司打交道。

职场范例：

小郭在校时是学生会主席，参加工作后，更是意气风发，想在新的工作岗位上好好大干一番。于是部门的事情他总是抢着干，同事们也乐得清闲。经常是他一人忙里忙外，其他同事在一旁看报纸聊天。小郭想，自己是新人，又年轻，辛苦一点没啥，正好借机熟悉工作，锻炼自己。可是，在年终评比时，功劳簿上根本没有他的名字。功劳全让主任给揽去了，他还在大会上得意洋洋地汇报那些本来是小郭做的工作。这件事狠狠地打击了小郭的工作积极性，他怨恨部门主任的厚颜无耻，也怨恨公司老总不体察下情，对公司非常失望。从此以后，他的情绪一落千丈，事情也不主动去做了，也和其他同事一样喝茶聊天。工作上遇到什么问题，也更不愿意与领导沟通了，准备提拔他的主任，见他与从前判若两人，也打消了向老总建议提拔他的念头。

分析：

其实，小郭只要及时和部门主任沟通，了解了他的想法，就不会如此自暴自弃，断送了前程。上司对每个下属的工作状态并不全都了解，所以你要经常与他沟通。和上司沟通的作用在于：你可以让上司清楚地了解你的处境和个人规划、个人理想，同时你也可以明确上司的意图以及他对你工作的认可程度和期望，从而可以适时调整自己的目标与整个公司的发展同步。

因此，当我们工作上遇到什么事情，只要与领导沟通，找到解决的办法，就能解开心中的郁结，而领导也会感觉到你信任他，关系自然就能拉进一步。

日常工作中的我们，在以下几种情况下，一定要主动与领导沟通：

1. 犯错误时，向领导主动、诚恳地认错

人非圣贤，孰能无过。特别是在竞争激烈的职场上，经验尚浅的我们更可能犯错。如果你犯了错误，一定要向领导主动认错，最好是在领导发现以前，因为领导往往会有更好的处理方式，并且会因为你的诚实而不会大加怪罪，而如果你想尽办法遮掩、隐瞒，企图蒙混过关。一旦被领导发现，会认为自己被欺骗了，你的好日子也就到头了。

王永是一家快递公司的主管，负责日常的快递工作，在他的监督下，快递工作从来没出什么状况，但有一次，他出差了，回来后，却接到了客户的投诉，一份很重要的快递被下属送丢了，客户要求公司赔偿。以王永多年的经验，他答应帮客户追回快递，并安抚了客户，事后，王永想，要不，这件事就这么了了吧；但又一想，要是不告诉领导，瞒着这事，领导总会知道的，那时，恐怕就很难收场了。王永犹豫再三，还是决定立即实事求是地向老总汇报。他向老总主动承认自己在工作中的错误，对给公司造成的损失深感抱歉，然后又提出了几条紧急补救措施。公司发生了这样的事，老总很生气，但看到王永态度诚恳，又承认了错误，气也消了一半，而且，他还能快速地想出补救措施,老总心里也很高兴。当王永准备离去时,老总说:“小王啊,干得不错,我支持你,快去吧。”从老总办公室出来,王永对当初的决定很满意,如果隐瞒不报,后果还不知道会有多严重呢!

2. 主动为领导分担忧患

现代商场之战,就是一场没有硝烟的战争,职场中的每一个“战士”随时都有可能牺牲在这场战争中。每个公司在运行过程中,也都会面临这样或那样的问题,有些问题甚至是带有很大的危害性的,这些都是领导担忧的,因此,领导身上背负了更多的担子,作为下属的我们,只要在职一天,就要履行自己的责任和义务,帮助领导为公司的利益分忧,解除工作中的困难更是每一个下属义不容辞的责任。没有哪一个领导希望自己的下属是一个只会拿工资、不会做实事的人。

小林是一家公司的新员工,但为人机灵,脑子快,很受同事们的喜欢。一次偶然的机会,小林显示了自己的实力。

公司一直运行良好,可是最近却发生了一件影响公司生存的大事,可谓是关系到公司的生死存亡。那天,公司上下乱作一团,经理也手足无措,只能一个人关在办公室里冥思苦想,可也没想出个解决的办法,其他的一些高层领导也是默不作声,只能等待总经理的指示,而且,这时候,谁也不想逞能,让经理逮个正着。

其实,小林关注这件事情已经很久了,当然,他也想出了一个让公司起死回生的办法。准备充分以后,他敲开了总经理的办公室。经理看到有陌生人闯入,心情很差,就丢下一句话:“别在这时候烦我。”

“难道解决公司危机的方法您也不听?”小林故弄玄虚地说道。

总经理一下子来了神:“哦?是吗?快说!”老总表现出了浓厚的兴趣。经过一番交谈,老总基本肯定了他的思路,并成立了一个特别小组,让他担任组长,公司上下将全力支持他。果然,公司脱离了危险,而小林也顺利升了职，成为老总的左右手。

3. 主动解决和领导之间的矛盾

很多下属，认为自己和领导之间存在矛盾，就认为自己的职场道路注定黯淡无光，事实上并非如此，有矛盾你才会更有价值。如果与领导之间没有矛盾，事事和谐，那你在他们的眼里，就只是一个听话的下属。而如果和领导之间有了矛盾，也就有了他们无法处理的事，你相当于给了自己机会，一个展示自己智慧和能力的机会。有矛盾并不可怕，可怕的是你不会处理。其实，当矛盾产生的时候，领导已经拭目以待，看你的行动，聪明人一般会主动找机会与领导沟通，处理好了，双方都会很满意，领导对你处事的能力也就更加信赖了。

总之，在老板桌后面的领导，也是有血有肉、活生生的人，他们也有感情，下属的主动帮助，他们也不会拒之于千里之外。了解你的上司，和他进行有效的沟通，给予他绝对的尊重，并为他分担忧患，善于为他的形象和事业增光添彩，你的职业前景也将更加灿烂。

不在办公场所谈论自己和他人的隐私

作为职场人士，办公场所是我们出没的最主要场所。而聊天也是我们与同事相处、联络感情的一种最主要方式。谈话内容可能涉及工作以外的各种事情，掌握与同事间谈话的分寸就成了人际沟通中不可忽视的一环，毕竟办公室不是可以随意倾诉心声的“聊吧”，因为你的任何言论都可能传到领导的耳朵里。

而事实上，很多下属喜欢通过聊隐私话题来拉近与同事的关系，其中涉及其他同事的隐私或者领导的隐私，其实，这是很危险的，无论谁的隐私，我们都不便谈论。

职场范例：

于莉是个爱说爱笑的女孩。去年年底，她应聘上了某公司市场部职员的职位，主要原因是该部门里一个叫朱雅的女孩辞职了，可以说，于莉是来顶替她的位置的；一个萝卜一个坑，朱雅的电脑自然也归于莉这个新"萝卜"用。上班没多久，于莉便在一天午饭时眉飞色舞："前面那个人蛮有趣的，在电脑里留了很多小说，有一篇写得可精彩了，不晓得她哪里下的……你们要看不？"

午休时间，大家都说不看白不看。于是，同事邮箱里都收到了于莉发过来的小说，开篇第一句就是："爱上我的上司艾森，已经两年。"——不幸的是，女主角名叫朱雅，部门经理也叫艾森。更不幸的是，这绝不是小说，于莉看不出，其他同事却一眼就发觉了。但不幸中的万幸，是于莉没有"邮件群发"，只发给了几个和她聊得来的朋友，部门经理就没有收到。

大家看完了面面相觑，倒把于莉吓着了。有人拍拍她的肩，"删掉这篇文章吧，以后最好不要提起……"叫她不提，可私下里，同事们怎么忍得住："朱雅怎么那么粗心？走的时候都不'格（式化）'硬盘？""她暗恋了上司那么久，经理说不定是知道的，还是不理她。她这明摆着是让这些东西漏出来让经理难堪啊！""也不一定，说不定她在等着有一天可以传到经理耳朵里，反正他太太也不在身边……"

不知道这篇在公司里传来传去的"暗恋日记"最终有没有传到经理那里，总之于莉在经理手下干得很不开心，半年不到就辞职了。

分析：

范例中的职员于莉其实是个冤大头，她犯的错误就是揭了别人的隐私，而且还是涉及领导的隐私，自然，只能以辞职来解决此事。办公室是办公的场所，作为下属，不管隐私涉及谁，都不要谈论，涉及领导，你无疑成了领导的公敌；而如果没有涉及领导，你也会给领导留下一个不认真工作，爱搬弄是非的坏印象。

其实，隐私本身也是一个相对而言的概念，一件在一个环境中无伤大雅的小事，换一个环境则有可能变得非常敏感。作为职业人，你的年龄、学历、经历、爱情婚姻状况等，有时也属于隐私。

具体说来，包括以下几个方面：

1. 家庭财产状况

在办公室，什么该说什么不该说，心里必须有谱。即使再有钱，也没必要拿到办公室来炫耀，有些快乐，分享的圈子越小越好。被人妒忌的滋味并不好，容易招人排挤。无论露富还是哭穷，在办公室里都显得做作，与其讨人嫌，不如知趣一点，不该说的话不说。

2. 薪水问题

很多公司领导不喜欢职员之间打听薪水，因为同事之间工资往往有不小的差别，所以发薪时老板有意单线联系，不公开数额，并叮嘱不让他人知道。谈论工资问题，很容易引起同事间的矛盾，而没有哪个领导喜欢“包打听”的员工。

但有时候，事情往往找上门来，如果你碰上这样的同事，最好早做打算，当他把话题往工资上引时，你要尽早打断他，说公司有纪律不谈薪水；如果不幸他语速很快，没等你拦住就把话都说了，也不要紧，用外交辞令冷处理：“对不起，我不想谈这个问题。”有来无回一次，就不会有下次了。

3. 私人生活

每个领导都不希望自己的下属把生活中的问题和情绪带到工作中来。因此，千万别聊私人问题，也别议论公司里的是非短长。你以为议论别人没

关系，用不了几个来回就能绕到你自己头上，引火烧身，那时再逃跑就显得很被动。

4. 志向问题

在办公场所大谈人生理想显然很滑稽，安心做好本职工作就好，即使有雄心壮志，不妨回去和家人、朋友说。在公司里，要是你没事整天念叨“我要当老板，自己置办产业”，很容易被领导当成敌人，或被同事看做异己。如果你说“在公司我的水平至少够当副总”或者“35 岁时我必须做到部门经理”，那你很容易把自己放在同事的对立面上，更让领导产生威胁感。

当今社会，僧多粥少，树大招风，何苦被人处处提防，被同事或领导看成威胁。做人要低姿态一点，是自我保护的好方法。你的价值体现在做多少事上，在该表现时表现，不该表现时就算韬晦一点也没什么不好，能人能在做大事上，而不在说大话上。

因此，作为一个职场中人，一定不要在公司范围内谈论私生活，也不要随便对同事谈论自己的过去和隐秘思想，更不要传播别人的隐私，才不会给领导留下负面印象。

与领导说话也无需卑微，不卑不亢更好

在我们的职业生涯中，与领导搞好关系，极其重要。因此，我们对领导应当尊重。同时，我们必须承认，领导一般有强过你的地方，或者才干超群，或是经验丰富，这些都是我们值得学习的，而学到这些的前提是，要懂礼貌、谦逊好学。但是，这并不意味着领导比我们高人一等，那些真正品质高尚的领导，是不屑于与那些低三下四、点头哈腰、毫无人格尊严者交往的。在保持独立人格的前提下，你应采取不卑不亢的态度。在必要的场合，你也不必

害怕表达自己的不同观点，只要你是从工作出发，摆事实，讲道理，领导一般是会予以考虑的。

要知道，我们与领导永远有一个共同关心的问题，那就是公司的利益，我们的命运与公司的利益紧密相连，所以，我们与领导之间，应该保持一种相互尊重的上下级关系，和睦相处，我们与领导在人格上是平等的，当然，不需要见着领导就绕着走；不需要低声下气地与领导说话；更不能藐视领导，低头儿就走，要不就勉强打个招呼。

以上这些态度，都会给领导一种误解，领导会以为你在工作上出了什么问题；是不是你的部门领导跟你有矛盾了；还是你自己出了什么差错，怕领导知道；或者会以为你在外面兼职。要知道，这种下属，要么是真的有什么事情不愿意让领导知道，要么就是“清高”，再要么就是对自己的工作成绩缺乏自信或者是对自己要求太高，对自己总是不承认、不满意，其实，大可不必这样，即使你真的是比别人差些，只要你工作努力了，领导也并不会看不起你，相反，把你的“痛苦”告诉他，他也许会给你一些好的建议，让你的思路一下子豁然开朗。

职场范例：

在一家保健品公司，有两个员工，有两种明显不同的行事作风：一个是营销部总监李丰，一个是广告部总监郑爽。

李丰是公司的元老，为公司的发展立下了汗马功劳，老总也很器重他，把他从一个普通的职员升到了营销总监的位置。可是，自从当上了营销总监，李丰的自我意识便开始膨胀。他认为，自己在营销方面的才能无人能敌，于是大小事不再向老总汇报，而是自作主张。为了树立威信，他不仅对下属严厉苛责，也时常与老总就营销事宜发生冲突。员工们背后都议论他“倚老卖老”，怨言很多。老总虽然有万般不舍，还是“挥泪斩马谡”，委婉地劝他离开。他只得黯然离去,另寻出路。

而郑爽在公司任职的时间远远没有李丰的时间长,而他和李丰就不一样,在公共场合,他从来都不反对老总的意见,但如果老总的想法确有不妥,会影响到公司的利益,他会私底下找老总沟通,阐述自己的想法,给老总决策提供一种参考。这样,老总会比较容易接受,而郑爽也取得了老总的信任和支持,到公司才一年就当上了广告部总监。

分析:

李丰和郑爽之所以有不同的职场命运,与两人的说话、处世态度有很重要的关系。李丰虽然是公司元老,但无论对下属还是领导,都显得过于张狂,无奈之下的领导只能将他开除。而郑爽的做法才是正确的,给足了领导面子,但领导做出错误决定时,又能主动站出来提建议,不卑不亢地说话,这才是一个下属应该有的说话态度,领导自然会重用。

在职场,任何诋毁和藐视上司的言行都是必须禁止的。无论你是谁,无论你对公司来说多重要,这样的行为都将使你在该公司的职业生涯大大缩短。而与上司争吵辩论更非明智之举,这将毁坏你的形象,并且使上司疏远你,让你英雄无用武之地。所以,要想获得上司的信任,首先你要尊重他。

尊重领导,并不意味着你要对领导唯命是从,低声下气,以下三种态度都是错误的:

1. 绩效派

这种情况很多企业都有,一个人在企业的地位与业绩挂钩,于是,很多下属产生了这样的想法:认为只要我业绩完成得好,领导就不得不依靠我,抱着“只要业绩好,就天下第一”的思想。这种态度虽然在遇到江湖作风的上司时能在一段时间之内得到支持,但时间一长,领导就会意识到你不把他放在眼里,俗话说:“枪打出头鸟”,这时候,你就危险了。

2. 淡漠派

这种人对领导,对同事都不怎么在乎,在报告工作的时候,一般也是马虎了事;上司提出批评时,他们会找一万个借口来为自己开脱。上司面对这种下属时,开始的时候并不会给予什么公开的处罚,但随着时间的推移,他会越来越看不惯这种行为,便会重新申明制度,然后给予名正言顺的处罚。

3. 依赖派

这种下属把领导看做无所不能的人,在工作中缺乏主见,遇到任何问题都希望领导能帮助其解决,在日常相处的过程中,更是说话低三下四,把上司供为活佛。这种态度虽然在遇到官僚作风的领导时,在一定时间内能满足上司的领导欲望和虚荣心,但长此以往便会让上司对你的工作能力表示怀疑甚至对你感觉厌倦。当上司对你的工作能力表示怀疑的时候,一般情况下会先给你调整岗位,再考虑辞退你。

以上这三种与领导相处的做法明显就是错误的,正确的做法是,与领导不卑不亢地相处,因为,你们只是工作上的上下级关系,而在人格上是平等的,应该互相尊重,才能为共同的目标奋斗。

切莫在背后诋毁领导,谨记职场禁忌

身处职场,我们常常看到这样一种现象:有些下属,对领导有意见,可慑于领导的威严,不敢当面指出来,于是,就背后对领导指指点点,大到领导的为人处世态度、习惯等,小到领导的穿着打扮,甚至连领导的隐私都被“挖”了出来。事实上,背后诋毁领导,乃是职场大忌,除非你想另谋高就。

俗话说:“纸包不住火”,在对领导进行讨论和诋毁的时候,你的话很快就会经由同事,一传十、十传百地传到领导的耳朵里,而且,最重要的是,有些人还会添油加醋，有的没的都成了你的“罪过”。而且，即使你对领导有再大的不满，也不能背后诋毁，无论是从个人品德角度还是从你的职业生涯角度看，背后诋毁都不对。也许，一时的诋毁能让你泄愤，但是却也让你失去了别人对你应有的尊重，也会大大缩短你的仕途。

职场范例：

黄岩是国内一家著名家电企业分公司的老职员，最近公司调来了一名新经理，姓刘，年纪很轻，这让很多和黄岩一样的老职员很不服气，觉得这么年纪轻轻的一个小伙子无法担此大任。

俗话说，新官上任三把火，经理上任后，也是大刀阔斧地进行改革，重整公司制度，其中当然也有一些措施触及一些老员工的利益，黄岩很不满，开始的时候只是在公司内部制造谣言，看刘经理没有理睬便联名写了一封投诉信，通过邮件的形式发给了总部领导。

投诉信中罗列了刘经理的“十大罪状”，总部接到投诉信后立即派出了调查小组，经过一周时间的调查确认该投诉信的内容90%都属于杜撰，也掌握了黄岩的制造投诉事件的真相，一周之后公司公布了对黄岩的处罚，对刘经理进行公开道歉并解除聘用关系。

分析：

和黄岩一样的下属，在现代企业中并不是少数，不服从领导的管理，不满领导的行政指挥，当面不敢直接和领导对抗，只能背地里诋毁领导，造谣生事，其实，这犯了职场大忌，与领导为敌，一般情况下，投降的永远是下属，要知道，领导能坐到你上面的位子，肯定在某一方面比你出色，面对你的诋毁，不可能无动于衷，因为没有人希望被人否定，被人诋毁。

以上是于私，于公上诋毁领导，容易引发信任危机，试想，整天猜忌彼此的心思,能有多少精力来努力工作,为公司利益奋斗呢?作为下属,要想领导信任你,你必须先信任他们。一旦你和他们建立了双向信任,不管在什么样的战场上,你的队伍都会拥有无与伦比的竞争优势。跟领导作对,特别是在领导背后的公共场合中,等于放弃建议权。相反,学会私下向上司质疑,将使你的想法进入决策层,免去权力之争。

事实上,任何人都痛恨玩弄权术而喜欢光明磊落的人,即使有意见,当面提出远胜过背后放冷箭,在相互信任、相互支持的环境下工作,才能有更好的工作效率。那么,当我们对领导有意见或者对他的行为产生不满的时候,该以什么样的方法提出和解决呢?

1. 私下提出,选对时机

工作中,领导也是人,难免也会犯错误,直截了当地指出未尝不可,但并不是每个领导都能豁达地接受。因此,我们要用对方法,选对时机,还要主动和领导沟通。也只有沟通才能够消除各种人际冲突,实现人与人之间的交流行为,使下属与领导在情感上相互依靠,在价值观念上高度统一,在事实问题上清晰明朗,达到信息畅通无阻,改变相互之间的信息阻隔现象,增强团队之间的向心力和凝聚力。

2. 委婉地提出领导的失误

作为领导,掌管着部门里大大小小的事,要能服众,因此,更在乎权威和尊严,做下属第一点要做的就是尊重领导。感觉领导能力不够,非议领导的行为,甚至蔑视领导是职场的大忌,哪怕你的领导真的能力不足。不要图一时口快,或者意气用事让你的前途从此蒙上阴影。因此,当你对领导有意见时,不要妄自菲薄,更不要背后指出,而是要委婉提出,选择领导容易接受的方式。

3. 学会维护领导的面子

领导的尊严不容侵犯、威严不容亵渎。当众人为领导的失误耿耿于怀时,如果你能站出来维护领导,并给其他人一个好理由,那么,你就会成为领导信任的“心腹”,领导自然会重用你。在领导理亏时要给他留个台阶,当众冲撞领导是万万不可的,消极地给领导保面子不如积极给领导争面子。

一般来讲,领导者的面子在下列几种情况下最容易受到伤害,必须多加注意:

(1)领导在工作上,由于能力和疏忽,造成了一些失误,下属来纠正或者指出,尤其是当着众人的面。

(2)领导的权威被人质疑。有些领导有一套自己的为人处世方式,也希望自己的下属能按照自己的意愿来行事,这样一些固定的“规矩”也是不允许受到侵犯的。

(3)千万别在领导背后搞什么小动作,即使对领导不满,不敢当面指出来,也别在领导背后发泄,殊不知“纸里包不住火”,没有不透风的墙,被领导知道后果可想而知,对于这样的行为,不能加入,更要远离。

(4)有些领导职位的得来并不是靠能力,而是靠关系或者手段,对于这样的领导,最怕下属看不起自己。

给领导提建议比提意见更得领导赏识

人非圣贤,孰能无过,随时随地,我们都可能犯错误,对于自己的错误,我们总是找理由开脱,然后一笑了之,而对于别人的失误却抓住紧紧不放,然后加以抱怨和责怪。

这一点,在工作中也有体现,很明显,领导是我们工作命令的发布者和决策者,工作上的成败与否取决于领导,一旦领导指挥失误,我们便对领导产生意见,其实,这种做法是错误的,不管领导的决策正确与否,负面结果已经产生，你要做的是帮助领导找到解决的办法，也就是建议，为领导分忧，才会在心理上拉近你与领导之间的距离。而一味地对领导提出建议，把问题交给领导自己解决，无疑是给领导添麻烦，领导会不自觉地疏远你。与领导相处不好，会影响我们工作的方方面面。

职场范例：

李华明在一家投资公司做小职员，因为是新人，所以他一直在等一个适合表现自己的机会。

在李华明进这家公司的时候，公司的运营状况一直还很好，员工的分红比其他公司多，工资也是高出很多，这也是为什么当初李华明选择加入这家投资公司的原因之一，因为它有实力。可是由于金融风暴席卷了很多行业，李华明所在的公司也没有幸免，转眼间，公司的生存都遇到了问题。

当大家知道这一消息后，都乱作一团，老总召开紧急会议，询问大家有什么解决问题的办法。养兵千日，用兵一时，老总这时候真是很渴望有谁能救公司一命，大家也七嘴八舌地说了起来，可是这些话无非是，公司领导的决策出了问题，怎么不早发现之类的牢骚之语，老总的耳朵里充斥的只是一些关于责任推诿之类的话，没有一句是切实可行的建议。这时，李华明站起来说："此时，我们说再多也没有用，不如商量一下解决的办法，我对这方面做过一些浅薄的分析……"于是，李华明根据市场状况，提出了几点出人意料的建议，老总听后直点头，赞叹道："我以前怎么没发现公司有这样的人才？"

就这样，在李华明的建议下，公司慢慢地走出了困境，而他在公司的地位，在老总心中的地位，也顺其自然地上升了很多。

分析：

李华明是冷静的，当大家都手忙脚乱、不知所措，只会抱怨和推卸责任的时候，他想的却是解决办法，他与别人不同的做法是，别人提意见，他提建议，最终帮公司渡过了难关，据此，他才赢得了公司同事和领导的认可。

其实，工作中，我们经常会面临这样或那样的问题，有些问题我们自身无法解决，对此，很多人采取的是推卸责任，给领导提意见。比如，很多人抱怨自己业绩不佳，是因为上司没有远见；是因为上司不肯授权；因为任务分配得不合理；因为资源配置不合理；因为上司之间相互拉帮结派，使得自己无所适从。其实，这是一种错误的做法，对于已经发生的问题，领导需要的是建议而不是意见，作为下属，如果只知道把责任推给领导，而不能帮助领导解决问题，那么也就失去了作为一个下属存在的本来意义，相反，在关键时刻帮领导排忧解难，往往能取得领导绝对的信任和支持。

我们试想一下，你愿意雇用一位不断抱怨知识缺乏、抱怨授权不够、抱怨领导能力不足的下属吗？你不会。任何一个市场化运营的公司，雇用一个下属，不是雇用一个经济学家或者雇用一个评论家，事实上领导的首要目的是——雇一个“能解决问题的人”。而同时，喋喋不休的意见只会起到反作用：

1.“意见”会招来更多的“意见”

当你对领导频频提出意见时，你要想到，可能今天你工作上的意见就变成明天领导对你的挑剔。

2.“意见”是最没有影响力的语言

如果用两种方式表述工作中面临的同一问题，一种是在对问题进行客观的分析之后还能提供更多的改善建议，一种则是语无休止的消极意见。无论作为上司，还是同事，可能都不愿意触及后者。

3.“意见”会迷失解决问题的方向

不能否认，一些领导，会从“倾听意见”中寻觅到问题的解决之道，可在大多数的团队里，日复一日、层层复加的意见只会干扰士气、破坏协同、降低绩效。

事实上，我们也能感受到，我们周围的每一个人，包括我们自己，主观上都不愿意也不习惯在一些只提意见而不提建议的抱怨声中成长。客观上，当所有的问题都披着这种消极情绪的外衣时，就平添了解决问题的难度。

因此，我们不妨把意见改成建议，多为领导着想，努力去寻找解决之道。因为企业不是科研机构，发现问题和解决问题同样重要。但我们还要注意，在给出建议的同时，仍然要尊重领导，你在此事上技高一筹，并不代表你可以凌驾于领导之上。你首先应分辨清楚的是领导是不是喜欢听你说？这一点判断很重要。因为提建议和劝告时，纵然自己觉得不错，却并不一定受领导欢迎。有时，你的意见真的不错，但因态度过分得意，领导还会刻意杀杀你的锐气。

职场竞争的加剧，使得大多数人的职业生涯变得动荡而短促，我们与其在“意见”声中碌碌无为，不如摆正心态，多帮领导解决实事，以此获得领导的信任，为你的职业道路加上一个筹码。

不介入领导之间的矛盾，不做职场牺牲品

无论我们从事什么样的职业，当我们跨入职场的那一刻，我们就要找准自己的位置，作为下属，不管上司是怎么看你的，你都要把自己放在亲信的位置上，这样说话时才有体己感，但绝不能参与领导间的斗争，你要明白，你是上司的人，上司却不一定是你的人，当一个上司对你说，你是他的人时，心里一定要清楚，上司并不是你的人，你更不能参与他与其他领导间的斗争，因为无论谁输谁赢，你都将是这场权术斗争的牺牲品，聪明的下属，会用做了的事情取悦上司，而不做的事情则让上司知道，你已经完全尽力了。要知

道，职场中，“九真一假”也是最佳法则。

如今的职场，势力林立，脉络复杂，每个领导都希望自己能做更高层的领导，于是，就有了领导间的争斗。而很多下属乐于迎合奉承领导，并想借着谄媚爬上去，逐渐与领导拉帮结派，参与一些公司内部的争斗，也有一些下属，甚至在无意识中就陷入了领导间的斗争，成了争权夺利的武器。要知道，如果这场斗争你投靠的领导失败了，那你将会成为对方第一个“宰杀的羔羊”；而如果你的领导获胜了，领导也可能找一个理由将你“灭口”。所以，聪明的职场人会选择最佳的方法与领导交流——不越雷池半步。

职场范例：

小项是一个精明的人，在上大学的时候，作为学生会干部，就善于笼络人心，被学校老师推荐到现在的单位，刚上班不到两个月的时间，就在办公室混得很好，连顶头上司也很欣赏他，认为他工作能力强，会为人处世，很快，两人便以兄弟相称，一起出入各种场合。

有一天，公司总部下发一个策划任务，小项和顶头上司一起策划，要在市中心的广场上举行一个新产品的走秀活动，当然，两人并没有报告上级，两人成天地在那儿忙活。

这天，小项的领导也就是经理听说有个走秀活动，于是就亲临现场，看看办得怎么样，没想到，经理看了现场以后，居然劈头盖脸地问：“谁让你们这么做的？”小项一听，还以为经理要夸奖呢，就高兴地说：“是我和王哥两个人一起努力的成果。”

而聪明的上司已经知道经理不高兴了，想把责任扛过来，而小项以为上司想揽功，马上不高兴了，一个劲地说自己都做了什么，他并没有看出其中的缘故，直到经理对场工说：“给我把这些都拆了。”小项突然傻眼了。

当经理终于泄愤完，怒气冲冲地离开后，上司对小项说：“你怎么那么笨啊，都给你使眼色了，我和他之间有恩怨，但没想到他会这样报复我，我想自己揽下，你干吗还喋喋不休？说话也不动点儿脑子。"

小项觉得特别委屈，自那以后，上司也冷落他了，公司也决定把他调到客服部门去做一个可有可无的差事。

分析：

小项自以为自己很聪明。拉近和领导之间的关系，与领导站在一起，就能在公司站稳脚跟，其实，这种做法很明显错了，因为当你和你的领导站在一条战线上时，有可能就和别人成了敌人，甚至，在这些领导中，有比你的领导级别更高，权力更大的人，他不好拿你的领导开刀，但对付你绰绰有余，而你，也就是权力斗争时的"替罪羔羊"。

我们和领导交流，一定要明白，工作就是工作，友谊就是友谊！该在哪里体现出来的，尽量在相应的场合体现出来，明目张胆地与领导关系亲密，更是危险多多。

那么，当领导之间有矛盾时，我们该怎么做呢？

1. 不做添油加醋的传声筒

有些人在相互有矛盾的两个领导间为彼此"通信"，其实，这种行为就等同于走钢丝，迟早有一天，会摔得很重。两人争出结果，谁都会把你当异己。两人握手言和，你就成了挑拨离间的罪人。

2. 面对矛盾，拥有好心态

领导间的矛盾，可能也不是有意为之，有时候，是由于沟通不够造成的。如果有人及时地出面斡旋，会有利于矛盾的快速解决。应该说，每当领导之间出现矛盾，对你都是一个很好的机会。不要怕卷入矛盾受到伤害，事实上不管你愿意不愿意，你都会被动地、身不由己地卷入矛盾。害怕没有用，躲避也不是办法，关键在于要直面矛盾，善于斡旋矛盾。职场中有些人很受领导的器重，并不是他的业务能力有多强，而是他斡旋矛盾的本事很高强。

现代职场中有不少人，害怕矛盾，极力地躲避矛盾，企图游离于领导的矛盾之外而营造自己的一片天地，其实是做不好的。不能在斡旋矛盾中体现自身价值的人，不会被真正地器重。你要明白，有矛盾你才更有价值。这好比战场上的将军，只有战争才能给他们带来荣耀。如果天下太平了，他们纵然有天大的本事，也只能解甲归田。只有能够替领导斡旋矛盾，你才能进入领导圈子的核心层，成为真正可以信赖和托付重任的人。只是一味地忠诚于领导，被动地、从属地服从指挥、听从安排，充其量只是一个随从，而不会是一个得力的助手。

3. 积极斡旋，解决矛盾

化解矛盾，关键是要找到正确的方法。协调领导的矛盾，不能直来直去，就事论事。首先要清楚领导的矛盾点在哪里？他们的意图是什么？为什么要坚持自己的观点？这件事的背景是什么？这些问题，需要你从中斡旋时首先摸清楚。摸清了这些之后，你才能有的放矢，找到排除矛盾的结合点。因为矛盾的双方都信任你，有时会主动暴露他们思想深处的东西，这就有利于把握问题的症结，找到解决的办法。

参考文献

[1]史玉娟. 会说话的女人受欢迎[M]. 北京:中国纺织出版社,2008.
[2]吴玉奇. 这样和领导说话受欢迎[M]. 北京:文化发展出版社,2013.
[3]余世伟. 学会和领导说话[M]. 哈尔滨:哈尔滨出版社,2013.